本书承教育部人文社会科学重点研究基地项目和
上海市高校高峰高原学科建设计划资助项目资助

·佛教文献研究译丛（第一辑）·

侯冲 主编

寻踪敦煌古书
《金刚经》

【英】吴芳思 马克·伯纳德 / 著

袁 玉 / 译 崔 翔 / 校

广西师范大学出版社

·桂林·

总 序

在我国，佛教文献学是一门有待进一步建设与开拓的学科。近四十年来，国内学界在佛教文献研究方面新成果不断涌现，已经取得很大的成绩。但是，我们同时也注意到，海外同行在佛教文献方面的丰硕研究成果和巨大成就，同样需要我们去了解和学习。因此，关注、跟踪海外同行的研究成果与研究动向，把我们自己的工作做得更好，争取占据世界佛教文献研究的前沿，是一项极有重要意义的工作。

为此，我们特编辑了一套《佛教文献研究译丛》系列图书。该译丛主旨是：一、翻译国外重要的佛教文献研究著作；二、翻译介绍国外在佛教文献研究方面的新观点、新动向；三、翻译国外与佛教文献研究有关的经典性佛教研究著作；四、翻译我国缺失，但与佛教研究有重大意义的印度其他宗教哲学派别的重要著作。选材主要注重佛教文献的文献价值，同时兼顾佛教文献的文物层面，以全面反映佛教文献在我国古代文化中的实际地位。在形式上则拟采用专著、论文集两种。希望通过国外有关佛教文献学研究论著的翻译和出版，拓展中国佛教文献研究者及佛教研究者的眼界，一定程度上改变中国佛教研究界比较封闭的现状，推动我国佛教研究界相关领域的研究，促进佛教文献学的建立与发展。

《佛教文献研究译丛》（第一辑）选定英国吴芳思（Frances

Wood)、马克·伯纳德(Mark Barnard)合著《寻踪敦煌古书〈金刚经〉——世界纪年最早的印本书籍》,保罗·威廉姆斯(Paul Williams)著《大乘佛教》,理查德·F. 贡布里希(Richard F. Gombrich)著《上座部佛教的社会史——从古代贝纳勒斯到现代科隆坡》,美国那体慧(Jan Nattier)著《汉文佛教文献研究》和韩国柳富铉撰《汉文大藏经异文研究》等五种著作为汉译对象。其中前四种是英译汉,第五种是韩译汉。

2014年底,《佛教文献研究译丛》(第一辑)完成全部书稿的汉译。为了保证质量,我们花了近两年时间,安排相关人员对译稿进行审校、润色和定稿。衷心感谢纪赟、蒲成中、袁玉(笔名)、朴顺姬等诸位对原稿的忠实流畅的翻译,感谢崔翔、伍小劼、史经鹏、王招国认真细致的校读。曹凌、刘素香、刘宝峰等参加了部分校对工作,他们的助力,同样是要特别感谢的。在此,要特别感谢教育部人文社会科学重点研究基地中国人民大学佛教与宗教学理论研究所将《佛教文献研究译丛》(第一辑)列入研究课题,并予以资助,使该译丛的编辑与出版成为可能。另外还要感谢的是,出版过程中,广西师范大学出版社责任编辑刘孝霞老师又组织专门人员对译稿进行了审校,进一步提高了译稿质量。

我们非常高兴能按时完成前期制定的工作计划,顺利通过结项并能将其纳入广西师范大学出版社的出版计划。由于柳富铉撰《汉文大藏经异文研究》此前已经由宗教文化出版社正式出版,故本批仅出版其他四种英译汉的著作。

翻译不易,尤其是翻译成果在国内不作为主要研究成果的情况下,每一篇文章,每一种书的翻译,其贡献都应该得到肯定。不论是译者还是审校者,他们都是值得我们敬重的默默付出贡献的人。基于对佛教文献学的关注和研究,我们将来还会继续出版其他成熟的译作，以向大家介绍海外最新、最尖端的研究成果。当然，译丛中存在的不足，我们也衷心希望得到大家的批评指正，相信在大家的关心、支持和帮助下，我们能将工作做得更好。

侯 冲

2018 年 5 月 23 日

目　录

导 言

6 汉译《金刚经》——这一世界上最古老的印本——已经在伦敦被收藏了整整一个世纪。它最初收藏在英国国家博物馆，现在收藏在英国国家图书馆。这部由中国人在868年印刷的书籍比欧洲最早的印刷品年长了约六百岁。这部书诞生的那一年，丹麦人进犯麦西亚（Mercia），而阿尔弗雷德大帝（King Alfred）的抵抗则以失败告终。虽然这部书曾在英国国家博物馆中的古老的国王图书馆（King's Library）展出了三十年，却只有少得可怜的几位亚洲访问者前来瞻仰。在它不远处陈列着大约1455年印刷的古登堡《圣经》（*Gutenberg Bible*），由于那本古登堡《圣经》头戴“最古老的印刷书”的桂冠，于是对大多数访客而言，汉译《金刚经》这部真正最早的印刷品“先驱”，反而遗憾地被忽略了。

这部世界上最早的印本诞生在中国，其内容是一部佛经，英语世界习惯称它为*The Diamond Sutra*（这一名称来自汉语“金刚经”）。它之所以被称为“经”，是指其中记录的是佛陀所说的言教（参见本书第三章）。这是一部长约5米的卷轴装经典，卷首有一幅精美的扉画，描绘释迦牟尼佛陀在僧侣和飞天的簇拥中讲经说法的场景。该印本过去鲜有人关注，不为人所知。然而它在当年中亚沙漠的文物竞争中被发现的故事很激动人心，它在伦敦也命途多舛、历尽磨难，其中包括经历了给英国国家博物馆带来重创的二战大轰炸。[①]

① 相关背景见彼得·霍普柯克《丝绸之路上的“洋鬼子”：寻找中国西域失落的城市与宝藏》，伦敦：约翰·莫雷出版社，1980年（Peter Hopkirk，*Foreign Devils on the Silk Road: The Search for the Lost Cities and Treasures of Chinese Central Asia*，London，John Murray，1980。译者按：该书中文译本《丝绸之路上的外国魔鬼》，杨汉章译，甘肃人民出版社，1983年）。另可参见P.R.哈瑞斯《英国国家博物馆图书馆史（1753—1973）》，伦敦：英国国家图书馆，1998年，第554—557页（P.R.Harris，*A History of the British Museum Library 1753-1973*，London，British Library，1998，pp. 554-557）。

虽然这部《金刚经》卷首那幅精美的扉画非常扣人心弦，但该经的印刷时间这一更为重要的文字，却出现在卷轴的结尾。在那里有这样一段重要的题记："咸通九年四月十五日王玠为□□二亲敬造普施。"咸通九年，即 868 年。对王玠其人，我们无从知晓更多的情况，只能推测：他大概是一位虔诚的佛教徒。他相信诵读佛典或敬造佛像能够积累功德，从而让逝者免除轮回之苦。《金刚经》中佛称，高声反复念诵或是抄写供养哪怕此经的一个片段，就能够积累无量功德。所以，王玠借助新兴的印刷术，请人印刷并散发成百上千份《金刚经》，希望由此积下极大功德。[①]

为了双亲而刻印此经，不过是人们对《金刚经》的寄托之一。另一件（日期无法确定的）写本，则是写经人为了让一头老牛的
灵魂能往生阿弥陀佛净土（而不是继续轮回为动物），并期盼能 9
在那里与这头老牛再度聚首。[②] 委托他人印制或是自己印制佛经，就如同念经一样，是为了广积功德。而《金刚经》文句朗朗上口，半小时左右即可念完。因此，它在好几个世纪里，一直都是中国颇受青睐的佛经之一。

---

① 中国书籍的卷轴装，最早出自古代用以写字的薄木简或薄竹简。每片木简或竹简以绳索连接，收藏时则将其卷起。纸张问世后，书籍也采用这种装帧方式。宋代（960—1279）初年有几种新的装帧方式出现，与此同时，将纸张折叠起来，然后再装订成书的样式亦更为普遍。卷轴这种形式颇为不便，尤其对参考书而言。详见钱存训《中国古代书史：书于竹帛》（第二版），芝加哥：芝加哥大学出版社，2004 年（Tsien Tsuen-hsuin，*Written on Bamboo and Silk: The Beginnings of Chinese Books and Inscriptions*，Chicago，University of Chicago Press [2nd edn]，2004）。

② 陈淑玲（释永有）：《宋代以前中国文化里的〈金刚经〉》，伦敦大学亚非学院博士论文，2000 年，第 102 页（Shu-ling Chern，"The Diamond Sutra in Chinese Culture before the Sung"，PhD thesis，School of Oriental and African Studies，University of London，2000，p.102）。

《金刚经》是佛陀在一座花园里对其年长的弟子须菩提所提问题的解答的文字记录。图片最上部，可以看到飞天身后的树叶，而簇拥在佛陀身边的有剃光了头的僧人、发光的菩萨、护法神，以及出现在图片右下角的皇帝和皇后。

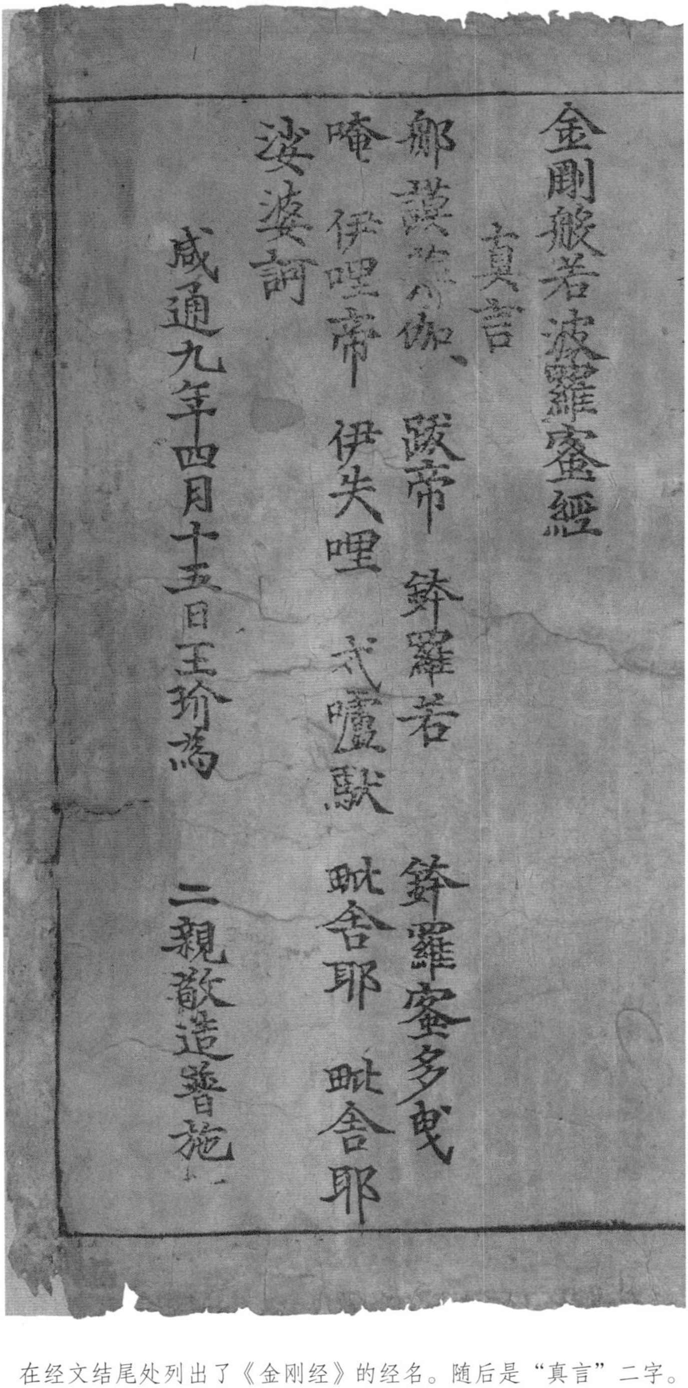

在经文结尾处列出了《金刚经》的经名。随后是“真言”二字。“真言”包括“曼陀罗”与“陀罗尼”，二者均为梵文“持咒”一词的汉译。列印的最后一行，即最左边的一行，记录了该《金刚经》的刻印年代（或是接受此项刻印功德的日期），王玠敬献给双亲的发愿词紧随其后。

这部《金刚经》由奥莱尔·斯坦因爵士（Sir Aurel Stein, 1862—1943）[①] 携回伦敦。斯坦因是一位匈牙利裔的梵文学家、考古学家、探险家和测量专家。1907 年，斯坦因在第二次中亚探险途中，在中国西部甘肃省敦煌千佛洞的一处石窟里得到此经。敦煌毗邻举世闻名的“丝绸之路”，这是一条横贯中西的商贸交通要道，它沿着中亚腹地的沙漠边缘分为北路与南路。丝绸之路不仅是商贾们从绿洲到绿洲运输丝绸等货品的通道，而且是佛教和后来的伊斯兰教等多种宗教传入中土的重要通道。

丝绸之路沿途所经的一处处沙堆之下，掩埋着不少古代遗址，这让 19 世纪末那些来自欧洲的考古学家和探险家们魂牵梦绕。德国的考古学家曾致力于发掘吐鲁番（Turfan）绿洲，俄国人则在丝路的北线一带探险。惊世骇俗的瑞典探险家斯文·赫定（Sven Hedin，1865—1952）在付出了高昂的代价（包括队员丧生，他自己也数度濒临绝境）之后，终于找到了雅鲁藏布江、印度河与象泉河的源头。[②] 而斯坦因与斯文·赫定截然不同，他的历次探险都策划得极为细致周全，从未损兵折将。斯坦因为自己的猎狐犬特制了毛外套，他订购了酵母酱（Marmite），准备了（豌豆、西红柿）汤粉、库克斯里船长（Captain Cookesley）出品的脱水蔬菜（洋葱除外）。他还雇有印度助手，以帮他进行测量和摄影，及帮

① 译者按：生年“1862”，原书误作“1852”。

② 见吴芳思《丝绸之路》，伦敦：英国国家图书馆，2003 年，第 10—14 章（Frances Wood, *The Silk Road*, London, British Library, 2003, chapters 10–14）。

他做箱子来盛放他的发现。[①]

尽管斯坦因对其属下（乃至他的狗）照顾周全，可是他对所有其他欧洲考古对手却残酷无情。他铁了心要在中亚沙漠发掘古 10
代宝藏的竞争中击败其他所有的人。为了迷惑法国对手保罗·伯希和（Paul Pelliot，1878—1945），斯坦因制定计划时既一丝不苟又保密万分，在对外公布探险路线时更是如此。他的保密工作没有白做，单凭到手的这件《金刚经》卷轴，他便完成了有史以来最重要的考古发现之一。

斯坦因的第一次探险（1900—1901）和第二次探险（1906—1908）都得到印度政府和英国国家博物馆的资助，当时达成的协议是这两个单位将分享他的探险所得。新德里的印度国家博物馆收藏了斯坦因携回的画卷和泥塑。分归印度方面的那些文献（用印度、中亚语与藏文书写的）实际上先是藏在位于伦敦的印度事务部图书馆（India Office Library），1982 年又移交给英国国家图书馆。斯坦因在敦煌得到的其他众多艺术品和中国画卷现今都收藏在英国国家博物馆。1973 年，包括这部《金刚经》在内的一些文献由英国国家博物馆转交给了英国国家图书馆。

近来，围绕这部《金刚经》所发生的各种故事比较复杂。早期，英国的修复人员用西方人的眼光来审视它，认为它孱弱而易碎。他们听取日本修复专家的建议，从背面对这个看似孱弱易碎的经卷进行了托裱。虽然他们满怀最良好的意愿，可这样做的结

---

① 见魏泓《丝路上的奥莱尔·斯坦因》，伦敦：英国国家博物馆出版社，2004 年，第 44—45 页（Susan Whitfield，*Aurel Stein on the Silk Road*，London，British Museum Press，2004，pp. 44–45）。

果却事与愿违。二十年前，修复人员最终决定要复原这件世界级瑰宝的原貌。这项工作自七年前正式开始，时至今年（2010 年）最终完成。如今这部汉译《金刚经》已经恢复到非常接近其当初印制完成时的模样，其纸质、纸张纤维、造纸工艺，乃至木版的印痕等，都得以纤毫毕现地重新展现在人们的面前。

“赝品制造者”伊斯兰姆·阿昆（Islam Akhun）。在第一次中亚之旅的途中，一位考察队的队员下决心要彻查和田（Khoton）某地盛产的“古”写本。英国驻喀什的领事在购得这批手稿后把它们送到牛津学者鲁道夫·霍恩雷（Rudolf Hoernle）手上。霍恩雷对于这批看上去无从界定的手稿大为困惑。后来，他才搞清楚这堆手稿全是伊斯兰姆·阿昆一手炮制的。斯坦因在考察报告里还附上了这张伊斯兰姆·阿昆的照片，而斯坦因的爱犬也出现在了背景中。而霍恩雷也只好将他先前对这堆神秘手稿的热情束之高阁。

第一章　竞　争

14 1907年5月21日，斯坦因“朝着神圣的洞窟进发”了，这座洞窟距离敦煌绿洲不远，坐落在中国西北部的罗布泊沙漠东缘[1]。绿洲里，可见棉株点翠，白杨、榆树掩映。而绿洲之外，则是茫茫的“灰色砾石荒原”。从环绕于周边的众多沙丘下，延伸出一道长长的崖壁。在崖壁的下方，有一条小溪，岸边长着高高的白杨树。而在崖壁上，有“如同蜂窝一般，大大小小、洞口开豁的石窟”。崖上共有数百个石窟，其中年代最早的洞窟，据说是一位名叫乐僔的和尚在366年开凿的。在石窟四周的墙壁上绘满了壁画，石窟中间通常有灰泥雕塑的佛陀造像。开凿石窟是为了便于僧人坐禅，这在当时的中国是颇为流行的佛教修持法。在唐代

斯坦因所拍摄的千佛洞外部的许多照片之一。在长长崖壁上有400多个洞窟，像蜂窝一样。被掏空的洞窟里面布满了壁画和泥灰塑的佛教人物造像。崖壁的前方，有一条白杨树环绕的小河。大部分的洞窟已被弃置了1 000多年。当德·洛克齐（de Loczy）的匈牙利地理探险队在1879年途经此地时，许多低处的石窟已被沙土填埋，而洞窟前的木质护栏亦早已踪影全无。

① 译者按：原书误作西缘，今改。

（618—907），这些石窟作为佛教圣地最受欢迎，当时在这些石窟的外面很可能有木质的门廊作为保护。但 1879 年，当匈牙利地质协会（Hungarian Geological Society）的考察队途经此地时，这些木质的门廊已经残毁殆尽。考察队的德·洛克齐教授对他所见的这些精美壁画惊叹不已。1902 年，洛克齐向斯坦因介绍了这些石窟，然而斯坦因此前就已听到传言说，敦煌这座绿洲城市中也存在着有待发现的古文书。[①]

1862 年生于布达佩斯的斯坦因，他在第二次中亚探险途中的主要目的是为英国国家博物馆和印度政府找寻文物与文献。斯坦因学习过梵文，撰写过有关古波斯文和印度学的博士论文。后来，他以拉合尔东方学院校长（Principal of the Oriental College in 15
Lahore）和旁遮普大学注册官（Registrar of Punjab University）的身份在印度政府供职。1900 年，他在和田地区开始了他的首次中亚探险。在这次探险中，斯坦因在沙漠遗址的斩获使欧洲各地的学者异常兴奋，交口称赞。

斯坦因的第二次探险更是野心勃勃。他虽然告知印度政府和英国国家博物馆（二者为他提供了考察的经费）以及一些英国学者，比如艺术史学家卜士礼（Stephen Bushell）博士有关他此行的一些细节，可另一方面，他又十分谨慎，并没有过多透露自己的探险计划。当时，对丝绸之路遗址进行考察的竞争已日趋激烈。他的对手，俄国人谢尔盖·奥登堡（Sergei Oldenburg，1863—1934）教授正计划在库车（Kucha）发掘；而阿尔伯特·格伦威

---

① 奥莱尔·斯坦因：《华夏大漠废墟记：中亚暨中国西域探险见闻录》（以下简称《华夏大漠废墟记》）（第二册），伦敦：麦克米兰出版社，1912 年，第 20 页（Aurel Stein，*Ruins of Desert Cathay: Personal Narrative of Explorations in Central Asia and Westernmost China*，London，Macmillan，1912，vol. 2，p. 20）。

德尔（Albert Grunwedel，1856—1935）和阿尔伯特·冯·勒柯克（Albert von Lecoq，1860—1930）二人正率领着一支德国队伍在吐鲁番挖掘。1905 年，声名远扬的法国汉学家伯希和又宣布说，他

斯坦因与其爱犬“达什大帝”（Dash the Great）在塔克拉玛干大沙漠一处满是柽柳的沙堆前合影。从左起为他的助手易卜拉欣·拜格（*Ibrahim Beg*，身着皮衣者）和他的中国助手蒋孝琬（戴长护耳帽者）。他的另一侧为测量员拉尔·辛格（Lal Singh）与纳伊克·拉姆·辛格（Naik Ram Singh），这二者为斯坦因绘制该地区的地图贡献良多。在斯坦因的后方，是拉尔·辛格的厨师贾斯万·辛格（Jasvant Singh）。贾斯万的种姓使他不能为欧洲人烹调，因此斯坦因还得另外雇一位厨师为他做饭。这张照片大致拍摄于 1907 年的秋日。

将要带领一支法国探险队前往中亚的各个遗址，其中就包括敦煌附近的千佛洞。①

19 世纪末，在国际东方学者大会（International Congress of Orientalists）的多个会议上，他们都散发了这样的考察方案：从考古的角度讲，中亚应该被分成若干个不同的发掘区域。德国人可以在吐鲁番发掘，俄国人在丝绸之路的北线考察，英国人应该在他们的"势力范围"和田考察。提案虽然经过讨论，但有人却留意到瑞典的探险家斯文·赫定"心下正思忖二进和田"。② 当伯希和抵达中亚之后，他才发现斯坦因早已到达敦煌，踏进了洞窟。为此伯希和义愤填膺地写道："我指责他的原因，是因为在我们的提案中有这样的共识：他不该来到罗布泊以北，我们也不会去以南的地方。他什么也不说，就在那边大肆其手。虽然严格来说他并没有毁约，然而……"③ 斯坦因也感觉到自己有些理亏，因而自我辩解说：从严格意义上讲，敦煌既不在罗布泊的北面，也不在它的南面，而是在罗布泊的正东面。1906 年 2 月，他曾担心"坚持原先的那个计划（去敦煌），可能会使一些在巴黎的

① 有关德国人探险一事，参见阿尔伯特·冯·勒柯克《中土西域地下藏宝记》（1928 年版），牛津大学 1985 年重印本（Albert. von Lecoq，*Buried Treasures of Chinese Turkestan*[1928]，reprinted by Oxford University Press，1985）。有关伯希和宣称一事，参见哈尔穆特·沃尔拉文斯《保罗·伯希和其人其书文献汇编》，布卢明顿：印第安纳大学出版社，2001 年。详见该书第 19 页载戴文达处（J.L.L. Duyvendak in Hartmut Walravens，*Paul Pelliot: His Life and Works – A Bibliography*，Bloomington，Indiana University Press，2001，p. xix）。

② 鲁道夫·霍恩雷 1878 年 10 月致托马斯·豪尔德尼斯爵士信函。见此信函抄送斯坦因件，博德利图书馆，斯坦因手稿 278/137—142（Letter from Rudolf Hoernle to Sir Thomas Holderness，October 1878，copied to Stein，Bodleian Library，Stein Mss. 278/137–142）。

③ 见本书作者译、保罗·伯希和著《行路簿》，第 409 页，巴黎：印度学家，2008 年（Paul Pelliot，*Carnets de Route*，Paris，Les Indes savantes，2008，p. 409）。

朋友疏远我”[1]。

16 当伯希和还在丝绸之路的北线忙碌时，斯坦因已经朝敦煌进发了。3 月 16 日，他第一次来到石窟，“走马观花地挨个浏览洞窟”，记录“成排的菩萨像……或单尊或被众多供养人围绕的佛像”。他钦羡“那些人物庄严肃穆的风度”“繁复多姿的花边”以及“华丽非凡的山水画”[2]。但斯坦因没能在此久留，因为那位自封为洞窟守护者的道士王园禄（1849—1931），为了修葺石窟而外出化缘去了。在等待王道士返回的日子里，斯坦因转而去考察和发掘沿着敦煌绵延婉转的那一长串汉代（公元前 206—公元 220）遗留下的烽火台。斯坦因驻留在敦煌绿洲时，“一位颇有头脑的乌鲁木齐突厥生意人兼当地一处穆斯林流亡小社区的头领——扎义德·拜格（Zahid Beg）……提起一个传言，说……偶然间发现了大批的古代遗书。数年后，这些遗书又被藏入某处石窟”[3]。因为研习古代遗书是斯坦因最为热衷的志趣，所以，他焦急地等待王道士的归来，等待敦煌莫高窟每年一次朝圣活动的结束。直到5月 21 日，斯坦因才终于又能重返石窟。斯坦因自称：“此间可是有着许许多多的古代写本宝藏等着来发掘！这个念头就如同一个隐秘的磁场一般，又把我拽回了千佛洞。”[4]

19 然而，斯坦因想接近敦煌石窟中那些古代遗书却委实不易。对与他初次相见的王园禄，斯坦因写道：“看上去，他是至为小

---

① 斯坦因致阿兰信函，博德利图书馆，斯坦因手稿 28/32（Stein to Allen，Bodleian Library，Stein Mss. 28/32）。

② 斯坦因：《华夏大漠废墟记》（第二册），第 24—25 页。

③ 斯坦因：《西域考古图记》，牛津：克莱兰顿出版社，1921 年，第 801 页（Aurel Stein，*Serindia*：*Serndia Detailed Report of Explorations in Central Asia and Westernmost China*，Oxford，Clarendon Press，1921，p. 801）。

④ 同上书，第 802 页。

伯希和在烛光下查看第 17 窟中贮藏的写本。斯坦因取走数量可观的经卷一年之后，伯希和才有机会得以进入此处工作。在伯希和身后的墙上，还可以见到那些点缀着栩栩如生的树叶的壁画，而这些壁画早在这个洞窟被用作贮藏室之前，就一直点缀在此。伯希和是一位杰出的法国汉学家，他还通晓多种语言。他的语言才华加上他高效的工作进度让他对第 17 窟遗书的取舍具有极高的学术眼光。这些遗书目前都收藏在法国国家图书馆。他因斯坦因在敦煌石窟古代遗书的发掘竞争中捷足先登而极为沮丧。

心拘谨的一个人，极度地腼腆紧张，脸上还不时地流露出一种诡秘的狡猾神情，而那绝不是在鼓励我。很明显，一开始他就是一个很难对付的人。”可无论如何，斯坦因还是能够精明地同他较量一番，而并未一开始就长驱直入。斯坦因在考察笔记中写道：

> 次日一早，我佯装说自己之所以停留在此，主要是为了拍摄那些主要的石窟和比较重要的壁画。然后我就从最北端的洞窟开始，慢慢地接近了那座王道士已修葺好的大窟……我在通道的入口处投去一瞥，在那面墙后，就是据称重新发现秘藏写本的地方。眼下，那些东西还存放在此。我很沮丧地发现，在高出通道地面 5 英尺[1]的壁上，一个凹进去的狭窄开口已经完全用砖砌成了墙。这看起来就像是要专门防范我这双好奇的眼睛一样。[2]

20　斯坦因和他的中国助手蒋孝琬（？—1922）都竭力劝说王园禄给他们看这些古代遗书，并特意援引了玄奘（596—664）前往印度取经而后又将经典翻译成汉文的故事。斯坦因告诉王：“我是何等地崇拜玄奘。我又如何追随着他的足迹，从印度翻山越岭、穿过荒无人烟的沙海一路而来。又是如何随他之后，一一造访了他当年曾经去过并描述过的寺庙遗址……”这样，斯坦因不出数日便初尝胜利果实。他在笔记中描述：

---

① 译者按：1 英尺约合 0.305 米。

② 斯坦因：《西域考古图记》，第 803 页。

王园禄，自封的敦煌佛教洞窟的守护者，并且曾以“修复”洞窟为名募捐了一些钱。照片中的他站在一幅壁画的右方，这幅现代人所绘的取经僧人兼著名译经家玄奘的壁画，技艺低俗。斯坦因知晓玄奘到印度取经的传奇之旅，便援引它来讨好王园禄。不过，斯坦因对于王园禄修葺莫高窟的努力不以为然。他对此事的评价是：“这不过反映出造像艺术沦落到俗不可耐的境地。”

当王园禄“鼓足勇气，为我打开了那扇紧锁住狭窄通道的陋门……里间露出的景象让我双目圆睁。在油灯昏黄闪烁的光亮下，层层叠叠地紧密堆放着大堆大堆的文书，杂乱无章地一直堆到了高约10英尺的地方。如同后来的测量结果，这些文书的体积大约有500立方英尺[①]，相当于一个9平方英尺的小厅或小礼拜堂。余下的空间，就仅够两个人驻足而立”[②]。

① 作者按：“500立方英尺”，原文如此。1立方英尺约合0.028立方米。

② 斯坦因：《西域考古图记》，第805、808页。

王园禄曾将第 17 窟的遗书全部搬出，后来又悉数放回原地（他作为礼物给地方官的除外）。即便如此，很多遗书依然被成捆地堆在一起，通常还用长长的纸卷包裹起来。这种捆扎在一起的方式提示斯坦因：这些古代遗书的放置绝非仓促而就。事实上，窟中发现的许多经卷均不完整或有损坏，这也说明它们是因不再有用而被放置在一边。它们被妥善地保存下来，其中有些有 1 500 年以上的历史。这得益于纸张的质量和洞窟中黑暗、干燥的条件。

21 事实上，王园禄对是否让斯坦因观看这些遗书，其实颇为踌躇。最后，他还是“鼓足勇气，满足了我的愿望。只是……只要我还身在中国的领土上，就得对这些‘新发现’的所在地三缄其口。王自己也忧心忡忡地，担心夜里会在他住处以外的地方被人撞见。于是，蒋孝琬自愿充作唯一的搬运工。在此后的七个夜晚，他都（如同今晚一样）带着东西来到我的帐篷。随着搬运的东西越来越沉，到最后竟然要分批运输”[①]。

① 斯坦因：《西域考古图记》，第 813 页。

王园禄的担心不是伪装的。自从他在1900年偶然发现这个洞窟以来，他已经将洞窟中的一些发现作为礼品送给了一些当地的官员，包括当地最重要的长官敦煌县令王家彦。王家彦随后下令封死这个洞窟，而这也就是那面让斯坦因一见就垂头丧气的砖墙的由来。尽管斯坦因处心积虑地要和当地官员保持良好关系，可对于王园禄这位自封的洞窟保护者来说，允许他人，尤其是外国人接触这些藏品，还是有潜在的危险。[①]

正如斯坦因自己承认的那样，他从未做过系统的调查。王园禄给他什么他就只能看什么。而且，“在那样匆忙的搜检中，我也无暇好好欣赏经手的所有古代藏品”[②]。斯坦因描述：

> 在我飞速地查阅那些混在一起的成堆写本时，我永远也不知道王对我们的纵容还能持续多久。我一方面满心欢喜，但同时那些源源不断涌入的新材料又给我们带来了巨大的压力。即便是那些文物以及我能够充分估量其价值的既非汉文又非藏文的文书，我也完全没有可能仔细查看……那时最让我纠结的，却是我的汉学素养不够。倘若能用我印度学知识的一半来换取对应的十分之一的汉文学养，那我该是何等的高兴啊！即便有蒋的热心相助，可置身于那浩瀚的令人窒息的大堆佛教典籍和其他文献中，我永远都没把握说没有漏掉

① 王冀青:《王家彦和他家人的一组照片》,《国际敦煌项目通讯》1998年第10期（Wang Jiqing, “On the Photography of Wang Jiayan and his Family”, *IDP Newsletter*, 10, Spring 1998）。

② 斯坦因:《西域考古图记》，第818页。

那些有重要历史和文学价值的材料。[1]

1908年，在斯坦因到达敦煌一年之后，他的对手伯希和也抵达此地。用亚瑟·伟雷（Arthur Waley）的话讲，“伯希和得着了旗鼓相当的猎物。他得到的数量虽然没有斯坦因多，但他能读汉文而斯坦因却不能，所以，他所得到的更有选择性”[2]。与斯坦因一样，伯希和也险些被藏经洞中大量的材料所吞噬：

> 22 我尽最大努力飞快地搜检这个藏经洞……没有可能完全打开并查看15 000—20 000个卷轴，因为这样的工作恐怕六个月也完成不了。但我得查看每一份卷轴的内容是什么，决定这里面是否有前所未见的新材料。此外，我还得做以下两种决定：这是不惜一切代价非到手不可的，还是尽量争取获得但同时若不得已也可能放弃的。即便我如此努力，这项工作也花费了三周时间。头十天里，我每天看1 000份卷轴，这一定是创了纪录，与一辆时速100英里[3]高速疾驰的车子别无二致。往后，我略微放慢了一些。[4]

---

① 奥莱尔·斯坦因：《黄沙掩埋的于阗遗址：中国库尔德斯坦考古与地理探险之旅见闻录》（下文简称《黄沙掩埋的于阗遗址》）（第二册），伦敦：托马斯·费歇尔·昂温出版社，1903年，第188页（Aurel Stein, *Sand-buried Ruins of Khotan*: *Personal Narrative of a Journey of Archaeological and Geographical Exploration in Chinese Kurdistan*, London, T. Fisher Unwin, 1903, vol.2, p.188）。

② 亚瑟·伟雷：《来自敦煌的歌谣和故事》，伦敦，1960年，第237页（Arthur Waley, *Ballads and Stories from Tun-huang*, London, 1960, p. 237）。

③ 译者按：1英里约合1.609千米。

④ 菲利普·弗朗德翰：《法国知识名流的七生》（下文简称《七生》），摩纳哥：罗歇出版社，2008年，第167页（Philippe Flandrin, *Les Sept Vies du mandarin Français*, Monaco, Editions du Rocher, 2008, p. 167）。

伯希和注意到，有少量的遗书是用藏文（8世纪末到9世纪中期，吐蕃曾经占领过敦煌地区约半个多世纪）、回鹘文以及婆罗米文写的。不过，他很快地得出结论："实际上，这里的写本都是汉文的。"[①] 返回法国之后，伯希和这种快速匆忙的工作方式也让他遭受诟病，责怪他的所选因为太过匆忙而不可信。[②]

斯坦因把他的精力集中在非汉文资料上，但他还是略通汉文的。在一封1907年初所写的信里，他说他在敦煌附近一座古烽火台的附近发掘木简："我的好（助手）蒋（孝琬）对其不能断定年代（中国的纪年颇为精准，不过有点复杂）。所以，每天晚上我很兴奋地在自己的《中文读者手册》里搜寻检索。当我证实那件最早发现的木简的朝代相当于公元25—51年时，我是如此的欢欣鼓舞。"[③] 斯坦因所用的这本参考书是威廉·弗瑞德里克·梅耶（William Frederick Mayer）1874年出版的《中文读者手册：传记、历史、神话暨常见文学参考书指南》（*Chinese Reader's Manual：A Handbook of Biographical，Historical，Mythological and General Literary Reference*），这是一本很实用的参考书。[④] 毫无疑问，伯希和会蔑视这本英—中文对照的书，认为它的编写者只不过是在北京的英国公使馆做过一任中文秘书和译员的人。可即便是伯希和自己也发觉，到敦煌来而忘带中国年表，让他所处的境况颇为不便。

---

① 保罗·伯希和：《一座在甘肃重新发现的中世纪图书馆》，《法国远东学院学报》第八卷，1908年，第502页（Paul Pelliot，"Une bibliothèque médiévale retrouvée au Kan-sou [Gansu]"，*Bulletin de l'Ecole Française d'Extrême-Orient*，vol. VIII，1908，p. 502）。

② 弗朗德翰：《七生》，第189页以后。

③ 博德利图书馆，斯坦因手稿4/46v（Bodleian Library，Stein Mss. 4/46v）。

④ 该书由美国基督教长老会出版社在上海出版。英国国家图书馆参考书书架上亦有一本。作为一种老式的参考书，它颇为有用。

在斯坦因凭借着那本汉语初学者的手册而忙碌时，他的中国助手蒋师爷对他的帮助又有多大呢？蒋孝琬原是当地政府的一名小吏，斯坦因在喀什时，经由英国领事马继业（乔治·麦卡特尼，George Macartney）的举荐而雇用了蒋孝琬。作为斯坦因和地方官员沟通的译员，蒋孝琬还是起到了一定作用的。可是他不熟悉佛教，对佛教术语更是一头雾水。而斯坦因早在首次造访敦煌石窟

第 16 窟及堆积的遗书的合成照。洞窟内侧有一扇门，位于照片的右边，这扇门通向第 17 窟。由斯坦因拍摄的这幅照片可看到，窟内有着一尊佛坐像及其胁侍菩萨，这展现了此类石窟典型的内景布局。洞窟的墙壁上画满佛教人物，这正好印证了当地为什么将这些石窟称作“千佛洞”。这张曾刊于斯坦因《华夏大漠废墟记》的照片是经过合成加工的，因为在它本来反映洞窟的照片上，又套叠添加了成堆的文书写本。这样做很可能是为了造成一种错觉，以为斯坦因是在窟中完成对这些文书的搜检的。而事实上，这些卷子都是他的中国助手蒋师爷夜里偷偷运送到他帐篷里去的。

之前，就已经从印度的博物馆里熟悉了佛教的造像，首次造访敦煌石窟后，他写道：

> 我能不费力地辨认出那些天界护法神的化身——“四大天王”。他们纹饰华美，装束优雅。大佛龛里，他们有些常常就矗立在马蹄形底座的一侧。同在这些佛龛中，四下还有更显贵菩萨造像。至于其他的，从一开始我就意识到，我还需要长期的学习和得到庙里高僧的指点……我那位实诚的师爷，他对错综复杂的佛教神话和造像的所有细节，一概都是外行。在对向导满怀期望的人面前，他如何能准确无误地理解，并进行专业上的解释呢？[①] 23

在斯坦因和蒋孝琬首次造访敦煌石窟时，尽管当时王园禄不在，有一位年轻的僧人还是“借”了一件写本供他们两人一观： 24

> 那是一件宽10英寸[②]、保存完好的纸本卷轴。在它的原藏地前，我们将它展开，发现它的长度约有15码[③]。那淡黄色的纸张看上去非常新而且结实，然而干燥的气候以及仔细而隐蔽的贮藏，使得我们不能单从外观来断定它的年代。从纸张完好的纹路和光滑细密的表面来看，我认为它确凿无疑是古老的。

但是，它又是何物呢？

① 斯坦因：《黄沙掩埋的于阗遗址》（第二册），第26页。

② 译者按：1英寸约合2.54厘米。

③ 译者按：1码约合91.44厘米。

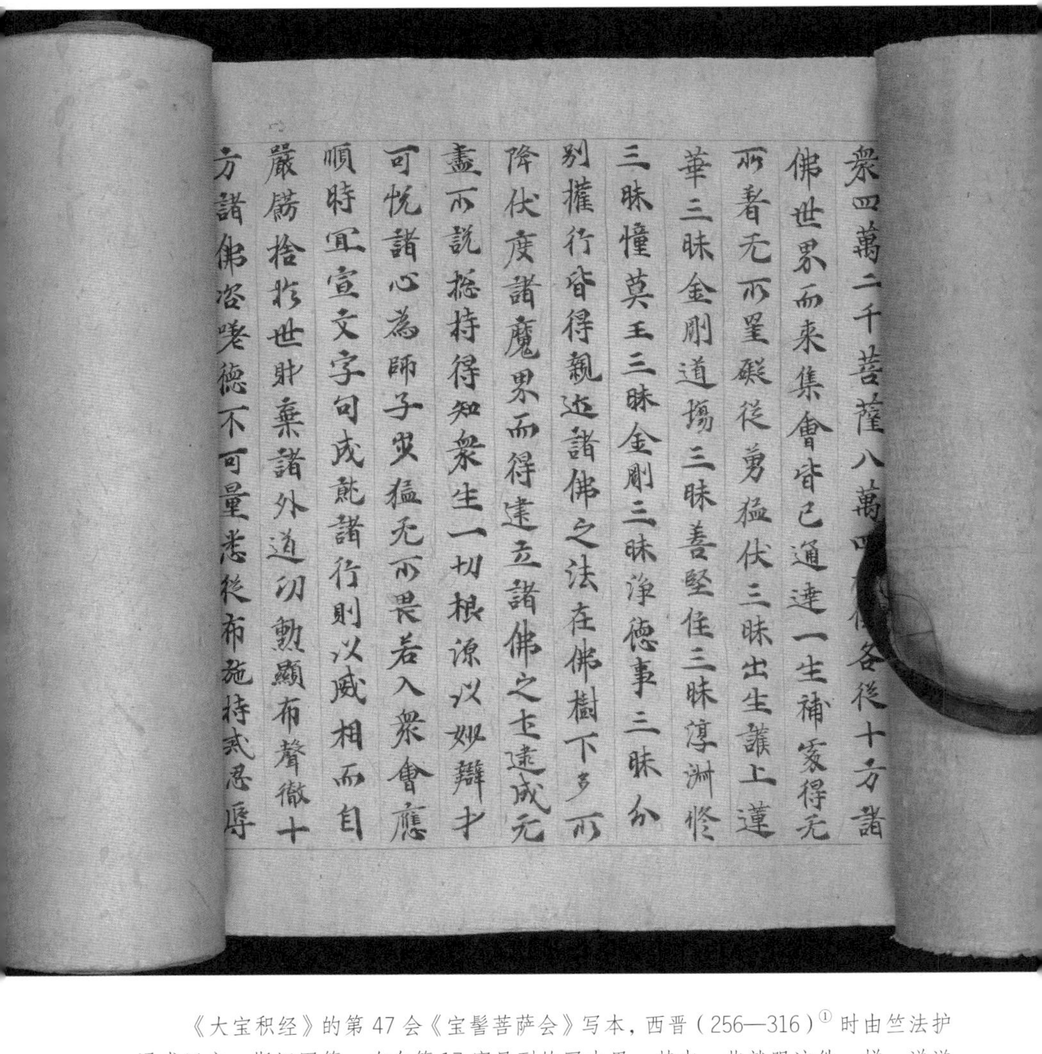

《大宝积经》的第 47 会《宝髻菩萨会》写本，西晋（256—316）[1] 时由竺法护译成汉文。斯坦因第一次在第 17 窟见到的写本里，其中一些就跟这件一样，洋溢着视觉上的冲击力。它们都书写在很考究的纸上，那些纸可能是麻纸，还被染成了深黄色。纸上的文字用深黑色的墨汁书写，字体匀称，前后一致。那木制的轴以及精美的蓝色飘带都是原物，它们的时代可以追溯到 8 世纪。

① 译者按：西晋起止年份为 265—317，原书误。

1915 年 7 月 6 日，斯坦因的中国助手，摄于帕克塔科拉（Pakhtakla）。英国驻喀什的领事马继业在斯坦因第二次探险期间，举荐蒋孝琬做斯坦因的中文助手。蒋的学问虽还不足以读解佛经，但在斯坦因拜会地方官时，这位蒋姓译官可是他的左膀右臂。斯坦因对他一直颇有好感。斯坦因第三次探险（1913—1916）再次前往敦煌时，又雇用了他，并再次借助蒋向王园禄索取到更多的经卷。图片中的蒋身着传统的中式长袍加戴软礼帽，那是 1911 年清朝覆灭后，中华民国探求国家现代化那段时期的典型服饰。

> 我那位有学识的蒋师爷老实地承认：他虽然仓促地读过，但不能连贯地弄懂文意。然而，这个问题却让它自身给解答了。在蒋不断地往复诵读那些套话时，我听出了这样一些词，比如“菩萨”和“波罗蜜”，这是汉语里对梵文“Bodhisattva”和“paramita”两个词的读音。由此我才了解到，对一般的中国文人而言，中国佛教的术语是何等地怪异和难以理解。[1]

于是，只有当蒋孝琬对着懂梵文的斯坦因高声诵读这部他自己也丈二和尚摸不着头脑的经卷时，一切才变得明白：这是一部汉译的梵文佛经。斯坦因对蒋孝琬的质疑没错，蒋孝琬尽管受过教育，是位文人，可他不是佛教徒，对佛教，特别是佛教经典不熟悉。从汉文文献的本质来说，它有着成千上万的汉字，中国佛教的语汇，由于要对陌生的梵文术语做音译的处理，而变得格外的繁复难懂。所以，对一位非佛教徒而言，这些文字可能会令他茫然无措，毫无头绪，也几乎是无法理解的。

斯坦因被大量的材料所吞噬。与此同时，他却没有做出审慎选择的能力。他决定：“既然为了研究而做抢救是我的职责所在，那么，
25 只要有可能，就全部收藏……”当然，他也意识到：“运出这么多车的经卷难免会让这件事暴露在众目睽睽之下。而且还很可能会引发敦煌当地宗教人士的憎恨和不满。即便不会马上就引发更严峻的后果，也肯定会危及将来在甘肃省深入工作的一切机会。”[2]

27 蒋曾经颇费周折地努力劝说王园禄。在斯坦因看来，蒋是恪尽职守的。

---

① 斯坦因：《西域考古图记》，第 802 页。

② 斯坦因：《黄沙掩埋的于阗遗址》（第二册），第 191 页。

把这些收藏运往英国一个有学问的地方，肯定是佛陀和罗汉们都会交口称赞的虔诚善举。他（蒋孝琬）还尽力主张：如果王园禄觉得敦煌太热的话，可以用那笔我已经准备好的钱（我暗示会付40个马蹄银，约合5 000卢比。如果有必要，我会给他两倍于这个数目的钱，这无论如何是超出我认可的经费了），回老家过清闲日子……他的另一个主意是：为了让王消除所有的顾忌和忧虑，王也可以将这笔钱悉数用于寺庙。如果这样做，等将这些寺庙修葺好后，王仍然可以将他后来得到的布施（连同其他所有为人所知和不为人知的布施）都归为己有。但所有这些办法对王园禄皆不奏效。

王园禄非但没有同意，反而把一些文书包裹又搬回了那个“几个世纪以来阴暗幽闭的囚室”。[①]

斯坦因继续坚持他的计划。“好在我们手上已经有了不少价值不菲的文书和古物，而王也确实希望得到一大笔钱款。而这最终会让我有理由宣称自己在这场外交斗争中取得了实质性的胜利”。一周后，斯坦因再做尝试。接下来，王园禄“在一份恰到好处的布施给到庙里后，投桃报李，允许我在原先挑好的文书之外，又增加了20多包文书”。斯坦因又继续对王施压。最终，他从敦煌运走了24箱“文书宝藏”，还有“从同一个洞窟里拿出的满满5箱的画卷和其他的文物”。斯坦因完全意识到他这些活动本质上是不可告人的，所以当他装箱付运时，在记录里写道：“在敦煌要想找到足够的箱子而又不让人生疑，可是有点难度的。好在我有先见之明，提前准备了一些‘空箱子’……”[②]

① 斯坦因：《黄沙掩埋的于阗遗址》（第二册），第192—193页。

② 同上书，第194页。

1915 年，驼队在雅尔当－布拉克（Yardang-bulak）。为了搬运器材和斩获物，斯坦因动用过各种牲畜。从印度翻越帕米尔高原来中国时，他用过牦牛；在喀什以东广大的沙漠地区，他则依靠骆驼。他极为细致严密地筹备了文物和文书的搬运工作。他为了快捷地运输还特意备足了大量的箱子。在横跨中亚前往中国的北方时，他使用了双峰骆驼，而就在 30 年前，在北京市郊还能看到人们用双峰驼来驮运煤炭。

第二章　石　窟

32 《金刚经》为何会被收藏在敦煌千佛洞的一处石窟里？这些遗书从一千多年前被放入，到 1900 年被发现之前，这个贮藏之处一直无人知晓。在 19 世纪的最后几年，一位名叫王园禄的游方道士偶然来到这里，他发愿要修复这些石窟，还要筹钱更新那些壁画和佛像。当他带人修葺第 16 窟时，墙上的一道裂隙暴露出这里有隐匿的东西，这就是第 16 窟内暗藏的一处侧室，后来被编号为第 17 窟。

在敦煌的历史上，第 17 窟有着特别的意义。它建于 851—862 年间，是为当地最重要的僧人洪䛒法师修建的。洪䛒逝世于 862 年，是当地一位学过梵文、翻译过佛经的僧侣。在 832—834 年间，他主持修建了 17 个窟。此外，由于他所支持的当地汉人领袖张议潮于 848 年将吐蕃占领者从敦煌地区驱逐出去，所以唐朝的皇帝在 851 年颁诏给洪䛒，赐他“紫衣袈裟”，以纪念敦煌回归汉人的管辖。在洪䛒的纪念洞窟中安放着一块石碑，碑上镌刻的正是这道诏书。除刻有皇帝诏书的那块石碑外，这个洞窟中还有一尊洪䛒背墙而坐的塑像，墙上的壁画描绘的是一株枝叶低垂的菩提树，树旁有一些侍者。在大约 11 世纪早期，洪䛒的塑像被移到了山崖上更高处的一个石窟中，而原来供奉他塑像的这个龛窟，即现今被称作第 17 窟的这个石窟，则被用来堆放遗书、绘画和青铜器。[1]

这间洞窟因为发现了 50 000 多号古代经卷，现在通常被称为“藏经洞”。但在这处侧室里，还曾经藏有数以百计的宗教绘画以及诸多青铜小佛像。当初王园禄发现这一秘藏，就将所有的物品统统搬出，很可能是想查看都是些什么东西。可是这样一来，他

① 季羡林主编:《敦煌学大辞典》，上海：上海辞书出版社，1998 年，第 350 页。

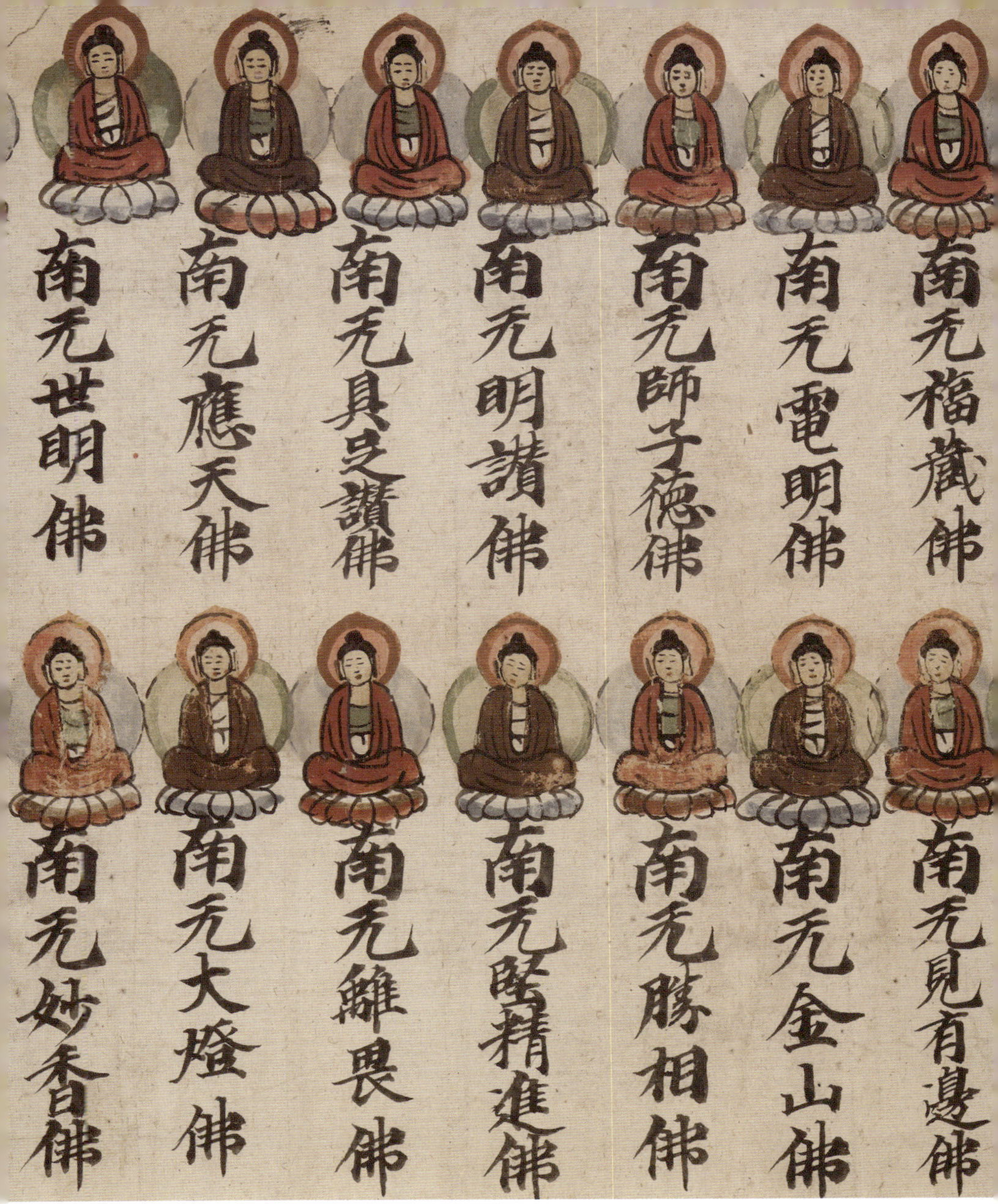

录有佛陀名号的《佛名经》专门用来供人唱诵，不算正式的经典。佛陀的名号可以有成百上千种，分指佛的不同功能和特征。这些佛陀的名号有的神秘，有的美妙，诸如“妙音佛”“金山佛”“无量佛”等。这种用来念诵的《佛名经》卷子常常附有插图。在这种《佛名经》上，通常是用一种小型的木板镌刻出佛像的轮廓，然后盖印在两行佛名的中间，或者是有间隔地被盖印在部分佛名之上，然后再用手工给那些佛像一个一个涂上颜色。

可能毁掉了诸多可供研究的证据。比如，当初为何要藏这些物品？藏经洞为何遭到弃置？可能是为了讨好，也可能是为了要强
34 化他在洞窟管理方面未经授权的地位，王园禄将青铜佛像、画卷和一些卷轴作为礼物送给当地官员，而那些地方官又把其中一些物品转手送给其上司。当地的官员看起来似乎更偏好铜像，所以，这些铜像在很短的日子里就被散发一空。[①]

对这些出土物品表示兴趣的官员，是一位著名的省级地方官叶昌炽（1849—1917）。1902—1906年，叶曾担任过甘肃学政，他的衙门的驻地在兰州。叶是一位学者，也是一位金石学家，自己收藏了不少的碑铭拓片。他的著作有《语石》《藏书纪事诗》等。他在1903年12月30日的日记里，记载了收到敦煌县令的一份礼物，内有“旧佛像一幅，所绘系水陆道场图……又写经四卷，皆《大般涅槃经》”。他继续写道：

> 敦煌僻在西荒，深山古刹，宜其尚有孑遗。闻此经出千佛洞石室中，室门溶铁灌之，终古不开，前数年始发而入，中有石几石榻，几上供藏经数百卷，即是物也。当时僧俗皆不知贵重，各人分取……[②]

但叶昌炽并未亲自前去实地查看，而在1909年12月28日的日记里，他就伯希和1908年去敦煌一事，再次提到这些藏品。“一法人以二百元捆载而去，可惜也！俗吏边氓，安知爱古？”一个月后，他又写道：

---

① 伯希和:《一座在甘肃重新发现的中世纪图书馆》，第506页。

② 荣新江:《叶昌炽：敦煌学的先驱》,《国际敦煌项目通讯》1997年第7期（见 http: //idp.bl.uk/archives/news07）。

> 唐宋之间所藏经籍碑版、释典文字，无所不有。其精者
> 大半为法人伯希和所得，置巴黎图书馆，英人（斯坦因）亦
> 得其畸零。中国守土之吏，熟视无睹。鄙人行部至酒泉，未 35
> 出嘉峪关，相距不过千里，以闻其室发现之事，亦得画像两
> 轴、写经五卷，而竟不能罄其宝藏，輶轩奉使之为何？愧疚
> 不暇，而敢责人哉？[1]

斯坦因的中国助手蒋孝琬（右）和若羌办事大臣[2]。通过在莎车和喀什与当地政府往来，蒋孝琬明白，为了在中亚沙漠绿洲里开展工作，打通中国官场具有重要意义。当斯坦因前往罗布泊西边正式拜晤那里的地方官员，比如卡克里克（今曰若羌）驻扎大臣时，蒋就作为译员参加（虽然蒋基本上不通英语，而斯坦因也几乎不懂汉语）。斯坦因在前三次进入中国西部探险时，都避开了当时的京城北京和高级别的官场。他更情愿通过喀什悄悄进入中国，也更愿意跟级别较低的官员打交道，因为后者给予斯坦因在他们辖区里旅行的便利。

---

① 荣新江 :《叶昌炽：敦煌学的先驱》,《国际敦煌项目通讯》1997 年第 7 期（见 http: //idp.bl.uk/archives/news07）。

② 译者按 :“办事大臣”，原文作“Amban”，意为“高官”，史称“办事大臣”，是清代驻扎于外蒙、青海、西藏、新疆等地区军政长官的头衔。

36 由于路途遥远和交通不便，叶昌炽没能亲自前往石窟调查。而其他众多的官员，对此则根本就没有兴趣，尤其是对佛教遗书没有兴趣。和斯坦因的中国助手如出一辙，当地官员都受儒家经典教育，因此也很难对当地的佛教遗书或佛教历史提起兴趣。而当时中国政府的行动异常迟缓，直到 1910 年，即伯希和 1909 年 9 月把他得到的一部分敦煌文物给在北京的一些学者看过之后，教育部才下令将剩下的所有物品运往北京。[①]

当时的中国学者没有几个人对这批重大发现怀有太大的兴趣。但不论是斯坦因，还是伯希和，都对这批藏品“为什么”与“什么时候”藏入敦煌石窟提出了自己的见解。伯希和首先发表了自己的观点，他肯定地说：藏经洞的封存，是由于当时外敌入侵，时间紧迫所致。

> 首当研究之问题，厥为卷本入洞之约略年代，此实有准确之凭证在焉。卷本所题年号，其最后者为宋初太平兴国（976—983）及至道（995—997），且全洞卷本无一作西夏字者。是洞之封闭，必在 11 世纪之前半期，盖无可疑。以意度之，殆即 1035 年西夏侵占西陲时也。[②]洞中藏弃，至为凌乱，藏文卷本、汉文卷本、绢本画幅、缯画壁衣、铜制佛

---

① 林世田、萨仁高娃:《国家图书馆刘廷琛旧藏敦煌遗书》,《敦煌吐鲁番研究》卷十一，上海：上海古籍出版社，2008 年，第 489 页。

② 西夏人是一个曾经生活在中国西部地区的游牧民族。10 世纪时，他们在当地建立过一个王国。西夏国的东北方起自藏北，并一直延伸至现今的蒙古边界，其中就包括敦煌。13 世纪初，西夏国被蒙古人灭亡，唯有位于宁夏的一些非凡梯形佛塔以及一些诸如黑水城的遗址存世，彰显出承载其独特文字的绘画与文献。详见鲁斯・邓内尔《大白高国》，火奴鲁鲁：夏威夷大学出版社，1996 年（Ruth Dunnell，*The Great State of White and High*，Honolulu，University of Hawaii Press，1996）。

像及唐大中刻之丰碑，均杂沓堆置，由是可见藏置时必畏外寇侵掠而仓皇出逃，且由是可考敦煌文化之渐趋衰退……虽七八世纪之精美写本，尚遗留于僧众之手，然因不善藏弃，绝少完善者。文物之摧残，不尽由于外寇（西夏），外寇特增其劫度耳。①

1908 年时的伯希和可能并不了解，比起 1 000 多年前中国文化的衰退来，藏经洞杂乱无章的这种状态得更多地归结于王园禄的所作所为。但另外一些人注意到，姑且不论王道士曾经把整个洞窟里的藏品搬出又搬进这件事对收藏原貌的影响，事实上，当最初把那些东西弃置在洞里的时候，洪䛒的塑像就已经被挪走了。再有，那就是在砌砖封洞完毕之后，整个墙面又被仔细地粉刷了 37
一层。这些都意味着这是一个深思熟虑、计划周详的行为，而不是西夏人兵临城下时的慌乱之举。

斯坦因知晓王园禄发现藏经洞后曾经搬空洞窟又悉数放回原地一事，因而他对《金刚经》以及其他成千上万件的纸本卷轴为何被封存在此，有着不同的看法。他推测，虽然这些东西“曾分属于几个寺院的图书馆”，但“它们已经没有用”，而且“早在收集存放来此之前，它们就已经在自己所归属的寺院中被弃置不用”。②

目前，有不少中国学者赞同斯坦因的这一观点。他们的结论来自对当地历史文献及遗书本身的长期研究。有一位学者指出，一份窟中发现的遗书上所写的最迟年份为 1002 年，这比西夏人

① 伯希和:《一座在甘肃重新发现的中世纪图书馆》，第 506 页（译者按：出处可参见中译本《敦煌石室访书记》，《北平图书馆馆刊》第 9 卷第 5 号，第 7 页，1935 年）。

② 斯坦因:《西域考古图记》，第 814 页。

的入侵要早出30余年。这一点与伯希和认为由于担心遗书落入西夏人之手而封入洞窟的观点出入颇大。另一方面，中国学者还指出，突厥喀喇汗族人是840—1211年间统治河中地区的一个回鹘部落，他们的日益强大可能让当地的寺院感受到来自他们的威胁，因而采取了防范措施。1006年，信奉伊斯兰教的喀喇汗部侵入于阗，而后者还将一名公主嫁给了敦煌统治者的一个儿子，从而与敦煌过从甚密。于阗难民的到来，可能促使当地的僧人收集并封存自己寺庙里长期保存的古代写本、佛教经卷和画轴。因为他们上述的举动显示出是深思熟虑所为，而不是匆忙间做出的。斯坦因注意到，大多数的文书都被包入“规格一致的包袱”中。文书上许多不同的题记和印章都清楚地表明，这些东西是从敦煌地区众多的寺庙里收集而来的。

一些日本学者又将“废弃说”向前推进了一步。根据是，大约在1000年，印刷的佛经从中国的中原地区传到敦煌。然而这个观点却忽略了以下事实，那就是868年印刷的《金刚经》连同其他几十种印刷品，也一起被封入了第17窟。方广锠是一位研究敦煌文书近30年的中国学者，他得出的结论是，第17窟的文书和画卷之所以会被放置在此，不外乎是因为它们已不再有用。他发现很多成部的写经早在当时就已经残缺，这表明，因为这些
38 经卷已经残破不全，人们不打算再使用它们，所以才将其放置到一边。他还指出，在第17窟里没有发现用金银字书写的完整经卷，而这种珍贵的佛教经卷当时已由皇室颁赐至敦煌地区。这意味着，那些经卷很可能被更妥善地保管。[①]

另外的一些事实也表明，第17窟所藏的物品是废弃物，而

① 季羡林主编:《敦煌学大辞典》，第61页。

非有意的珍藏。包括太多的卷轴要么极为残旧，要么破损后又重新修补过。即便是这部《金刚经》，在放入洞窟之前，也曾经被修补过多次。此外，这么一大批佛经被保存下来，固然算得上独一无二，但在中国其他地方，也有发现佛教秘藏的诸多实例。如1996年，在山东青州一所著名寺院旧址的地下，出土了大量的佛教造像。这些造像大都始造于6世纪以后，在12世纪被“埋藏”起来。它们在被埋之前，个个都有破损。从这些破损的地方看，不像是蓄意而为，或是反偶像者们的蓄意破坏，倒像是被磨损、撕扯、火烧，甚至还有可能是地震毁坏的结果。[①] 在窖藏这些佛像的不远处，是古代的明道寺。寺里有一方石碑记载：1004年时，有两位游方僧人在寺中发现有300多块破损的佛教造像，然后这两人毕恭毕敬、举止虔诚地将它们掩埋了起来。[②] 在佛像被损坏，或人们准备更换新像时，如果把原像毁掉，将被视为大不敬，取而代之的做法，是小心翼翼地将它们埋掉。同样的情形，也可能被用于对佛经的处理。当佛经破损到难以修复，或是无法补齐的程度，人们并不会将其随意丢弃掉，而是会恭敬地存放起来，这几乎就是一种葬仪的形式了。

除了那些虽然精致但已残破不全的佛经外，第17窟中还存有大量的世俗文书。其中多数篇幅短小，比如关于借牲畜、卖婢女以及关于几匹棉布的合同，还有购物清单以及一些关于当地政府的奇特的东西，比如官方的人口统计册与官府公告的残片。另外，还有日历、社司转帖、学生课本、文学书籍、字典的残页，

① 译者按：据研究，青州的这批窖藏佛像之所以被损坏，可能是会昌废佛所致。

② 卢卡斯·尼克尔主编：《佛陀的归来：青州的发现》，伦敦：皇家艺术学院，2002年，第16页（Lukas Nickell，ed.，*Return of the Buddha: The Qingzhou Discoveries*，London，Royal Academy of Arts，2002，p. 16）。

39 等等，甚至还有儒家占卜经典《易经》的抄本。这些纸片得以在寺庙里存留下来，有可能是为了妥善保存，但更可能是由于中国的一个古老传统——“敬惜字纸”。这个传统认为，任何一片上面写了字的纸都近乎是神圣的，并且需要被收集起来保存利用。所以，在中国寺庙里，常常能够发现有成箱的、出于虔诚而被稳妥存放着的废旧纸张。[1]

小纸片就这么给汇集起来，而它们在第 17 窟的归宿是，有时被用来补缀破损的文书；或是被剪作项圈、冠冕和纸花，在节日里用来装饰佛像；有的甚至还会被剪成小方块后烧掉，用作治病的秘药。[2] 所以，这个洞窟虽然主要是残损缺失文书的墓地，但同时还有文书回收再利用中心的作用。

---

① 见恒慕义《清代名人传略》，华盛顿：美国政府印刷局，1944 年，第 726 页（Arthur W. Hummel, *Eminent Chinese of the Ch'ing Period*, Washington, U.S. Government Printing Office, 1944, p. 726）。

② 斯坦因发现有一些小纸片，它们被精心剪作比邮票还小的形状。这些小纸片会先被烧成灰，然后将纸灰与水混合，随后合着原纸上的文字可能会有的法力，被当作治病的药服下。

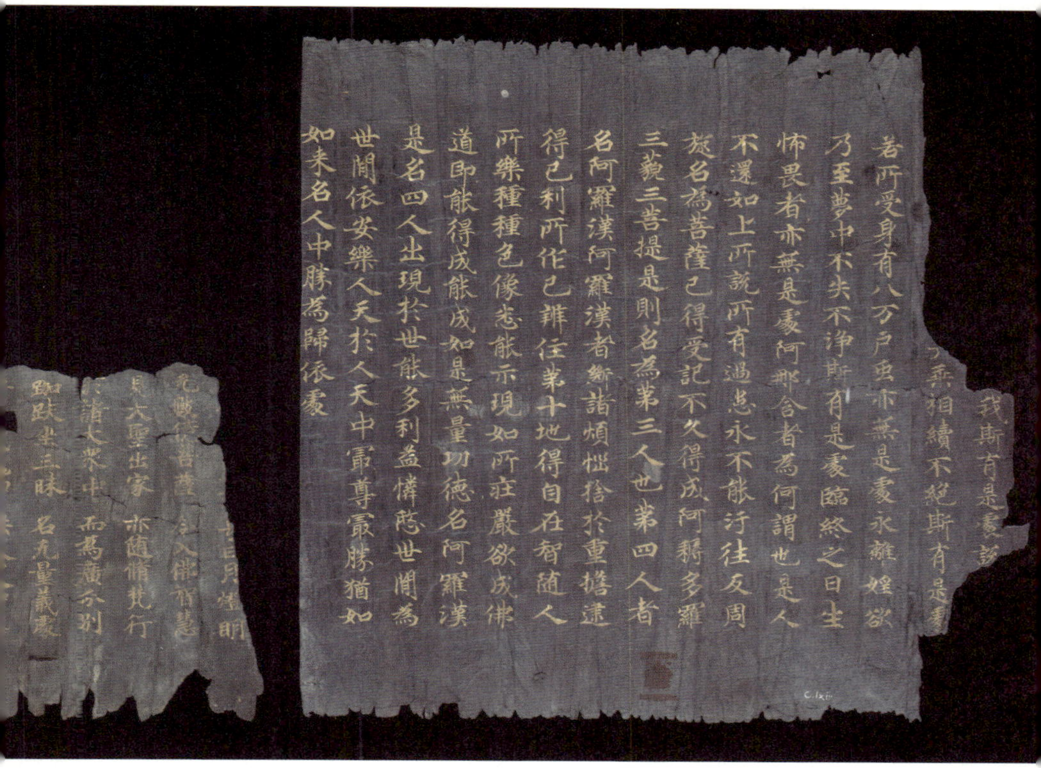

用泥金书写在绀青纸上的写经，经名不详。① 把纸染成黄色，在中国古代写经中很常见。佛教认为黄色是庄严的颜色，常用于佛教经书，还能对经书起保护作用。这种颜料来自黄檗的树皮，它具有杀虫的功效，可以用来防止常见的蛀虫噬咬书页。从第 17 窟搬出的文书里，还发现有极少量粉色、浅蓝和浅绿的染色纸。诚如一些中国学者所注意到的，尽管晚唐时期绀青纸的金字抄本已比较多见，但这种写本在第 17 窟的藏品中只有极少数的残片，而这可能意味着，寺庙为了避免这一类经书受损，而给予了它们特殊的呵护。

---

① 译者按：图中两片泥金写经残片，右边大者为《大般涅槃经》卷六，左边小者为《妙法莲华经》卷一。

唎　循唎　摩訶循唎　循循唎　娑婆訶

請除灾金剛　奉請辟毒金剛　奉請黄隨求金剛

請白淨水金剛　奉請赤聲金剛　奉請定除厄金剛

請紫賢金剛　奉請大神金剛

剛般若波羅蜜經

是我聞一時佛在舍衛國祇樹給孤獨園與大
丘衆千二百五十人俱尒時世尊食時著衣持
入舍衛大城乞食於其城中次第乞已還至本處
食訖收衣鉢洗足已敷座而坐時長老須菩提在大
中即從座起偏袒右肩右膝著地合掌恭敬而
佛言希有世尊如來善護念諸菩薩善付囑諸
薩世尊善男子善女人發阿耨多羅三藐三菩
心應云何住云何降伏其心佛言善哉善哉須菩
如汝所說如來善護念諸菩薩善付囑諸菩薩

第三章　佛　经

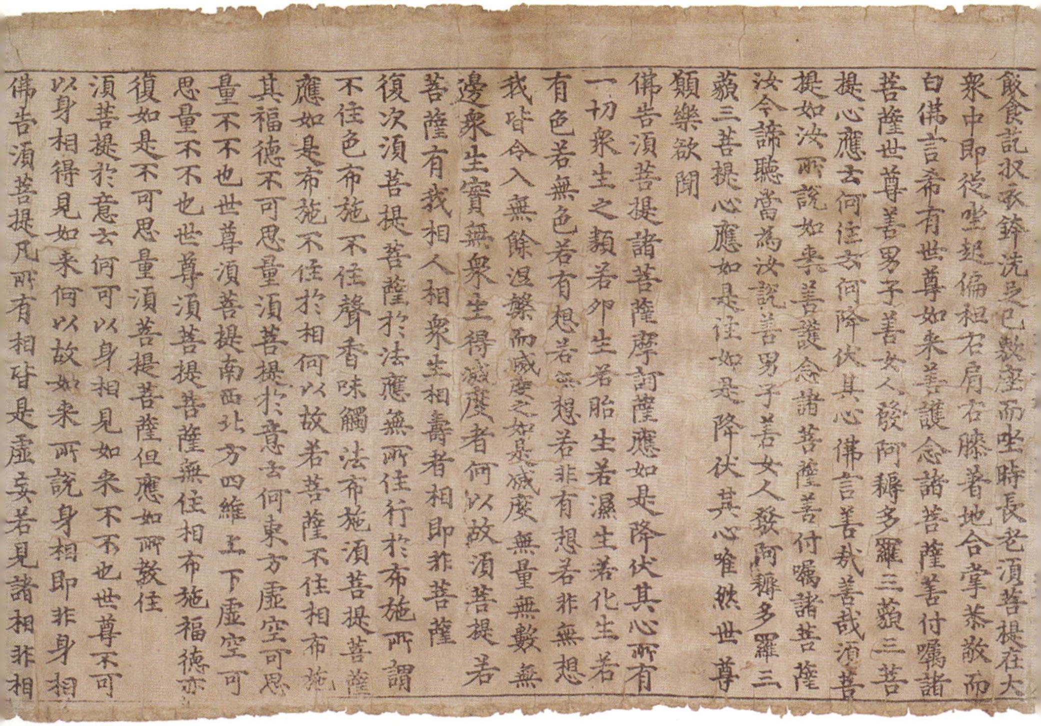
飯食訖收衣鉢洗足已敷座而坐時長老須菩提在大
眾中即從座起偏袒右肩右膝著地合掌恭敬而
白佛言希有世尊如來善護念諸菩薩善付囑諸
菩薩世尊善男子善女人發阿耨多羅三藐三菩
提心應云何住云何降伏其心佛言善哉善哉須菩
提如汝所說如來善護念諸菩薩善付囑諸菩薩
汝今諦聽當為汝說善男子善女人發阿耨多羅三
藐三菩提心應如是住如是降伏其心唯然世尊
願樂欲聞
佛告須菩提諸菩薩摩訶薩應如是降伏其心所有
一切眾生之類若卵生若胎生若濕生若化生若
有色若無色若有想若無想若非有想若非無想
我皆令入無餘涅槃而滅度之如是滅度無量無數無
邊眾生實無眾生得滅度者何以故須菩提若
菩薩有我相人相眾生相壽者相即非菩薩
復次須菩提菩薩於法應無所住行於布施所謂
不住色布施不住聲香味觸法布施須菩提菩薩
應如是布施不住於相何以故若菩薩不住相布施
其福德不可思量須菩提於意云何東方虛空可思
量不不也世尊須菩提南西北方四維上下虛空可
思量不不也世尊須菩提菩薩無住相布施福德亦
復如是不可思量須菩提菩薩但應如所教住
須菩提於意云何可以身相見如來不不也世尊不可
以身相得見如來何以故如來所說身相即非身相
佛告須菩提凡所有相皆是虛妄若見諸相非相

42　和其他所有的佛经一样，《金刚经》记载了佛陀的言教。佛陀，即乔达摩·悉达多，来自尼泊尔的释迦部族，大约生活在公元前563—前483年。他因为觉悟佛法并且教导众生解脱之道而备受尊崇。虽然有关佛陀的传奇故事浩如烟海，但有关他的生平却鲜有记载，甚至要想从经典中找出他的真正教诲都不容易。纵然有

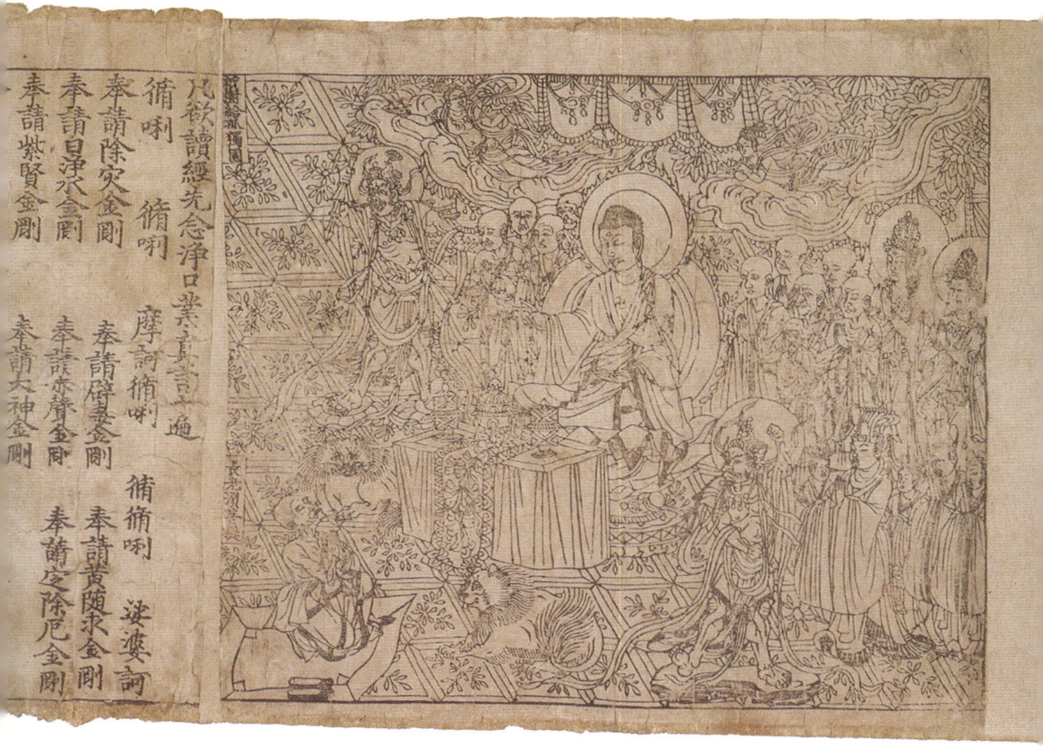

随后几页将依最新修复状况完整地展示这部《金刚经》。因中文古籍与写本系自右向左书写，故卷尾在本章最前端。（译者按：原书将该《金刚经》分成几幅作为插图，并将全经图版依照卷尾向卷首的顺序排列，今按照现代中文习惯，将英文原书之《金刚经》图版改为卷首在前，卷尾在后。）

大量归在他名下的佛经，可显而易见，其中的很多经典都是在他逝世数百年之后才被编纂出来。佛教从产生在它之前的其他一些印度宗教尤其是印度教那里，汲取了“轮回转世”的思想，认为

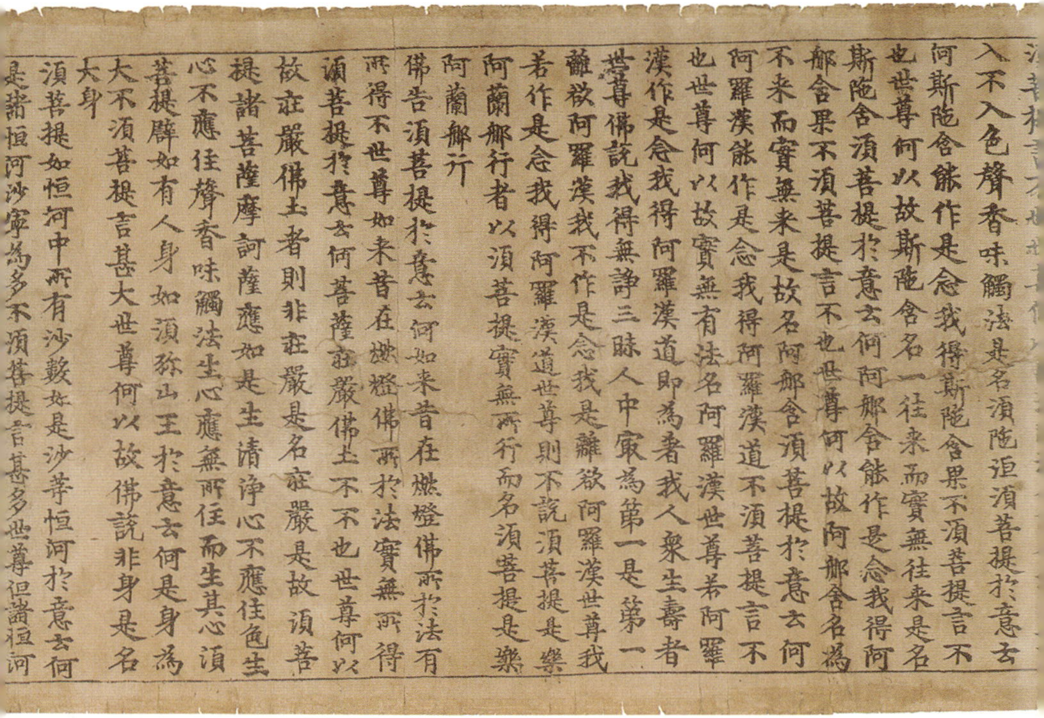

入不入色聲香味觸法是名須陁洹須菩提於意云
何斯陁含能作是念我得斯陁含果不須菩提言不
也世尊何以故斯陁含名一往来而實無往来是名
斯陁含須菩提於意云何阿那含能作是念我得阿
那含果不須菩提言不也世尊何以故阿那含名為
不来而實無来是故名阿那含須菩提於意云何
阿羅漢能作是念我得阿羅漢道不須菩提言不
也世尊何以故實無有法名阿羅漢世尊若阿羅
漢作是念我得阿羅漢道即為著我人衆生壽者
世尊佛說我得無諍三昧人中最為第一是第一
離欲阿羅漢我不作是念我是離欲阿羅漢世尊我
若作是念我得阿羅漢道世尊則不說須菩提是樂
阿蘭那行者以須菩提實無所行而名須菩提是樂
阿蘭那行
佛告須菩提於意云何如来昔在燃燈佛所於法有
所得不世尊如来昔在燃燈佛所於法實無所得
須菩提於意云何菩薩莊嚴佛土不不也世尊何以
故莊嚴佛土者則非莊嚴是名莊嚴是故須菩
提諸菩薩摩訶薩應如是生清淨心不應住色生
心不應住聲香味觸法生心應無所住而生其心須
菩提譬如有人身如須弥山王於意云何是身為
大不須菩提言甚大世尊何以故佛說非身是名
大身
須菩提如恒河中所有沙數如是沙等恒河於意云何
是諸恒河沙寧為多不須菩提言甚多世尊但諸恒河

每个个体目前的生命形态是该个体生命在一系列生命轮转中的一
环，其今世的境遇是由前世的所作所为决定的。佛教认为，动物
也在轮回转世当中，比如有人会说鸟儿在它们的前世是偷东西的
43 人。早期的佛教还拒斥其他的本土信仰，比如反对种姓制度，拒
绝承认神和祭祀的作用。然而，当这部《金刚经》在中国被印制
出来的时候，中国的佛教已经有了发展，有了不一样的特征——
寺庙里满是各种各样的神祇造像，有为丧葬、佛诞日、元宵节和

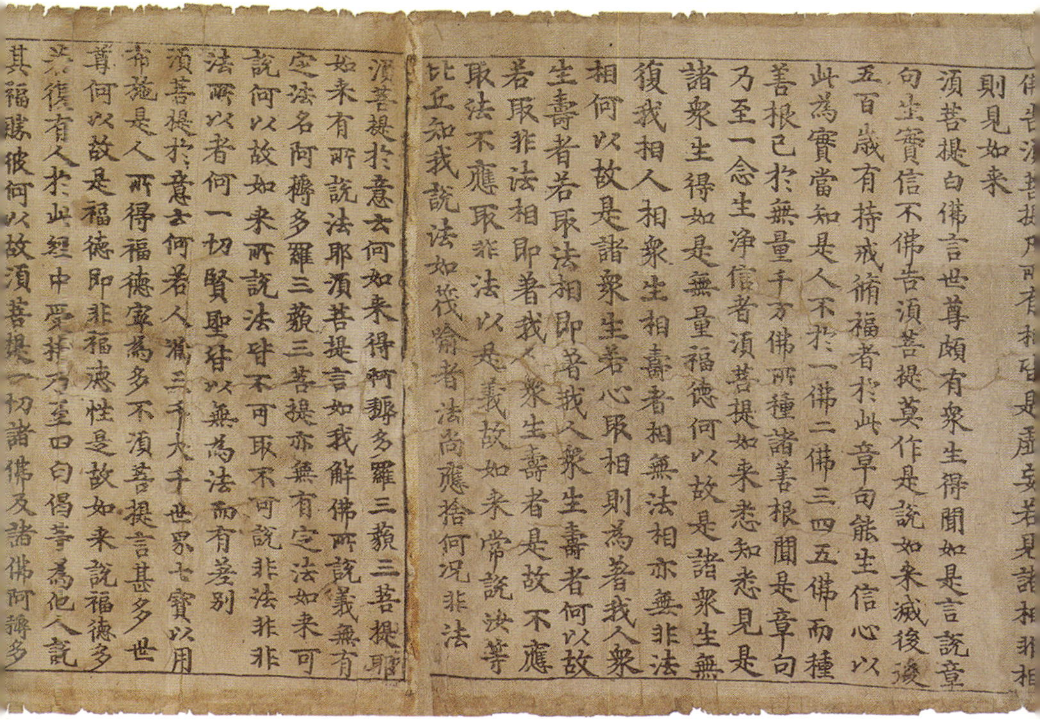
佛告須菩提凡所有相皆是虛妄若見諸相非相
則見如來
須菩提白佛言世尊頗有衆生得聞如是言說章
句生實信不佛告須菩提莫作是說如來滅後後
五百歲有持戒脩福者於此章句能生信心以
此為實當知是人不於一佛二佛三四五佛而種
善根已於無量千万佛所種諸善根聞是章句
乃至一念生淨信者須菩提如來悉知悉見是
諸衆生得如是無量福德何以故是諸衆生無
復我相人相衆生相壽者相無法相亦無非法
相何以故是諸衆生若心取相則為著我人衆
生壽者若取法相即著我人衆生壽者何以故
若取非法相即著我人衆生壽者是故不應
取法不應取非法以是義故如來常說汝等
比丘知我說法如筏喻者法尚應捨何況非法
須菩提於意云何如來得阿耨多羅三藐三菩提耶
如來有所說法耶須菩提言如我解佛所說義無有
定法名阿耨多羅三藐三菩提亦無有定法如來可
說何以故如來所說法皆不可取不可說非法非非
法所以者何一切賢聖皆以無為法而有差別
須菩提於意云何若人滿三千大千世界七寶以用
布施是人所得福德寧為多不須菩提言甚多世
尊何以故是福德即非福德性是故如來說福德多
若復有人於此經中受持乃至四句偈等為他人說
其福勝彼何以故須菩提一切諸佛及諸佛阿耨多

盂兰盆节量身定制的各种仪轨。[1]

历史上的佛陀乔达摩·悉达多据称是清净受胎，然后毫无痛苦地从他母亲的肋下降生。这位王子虽然在宫中过着备受呵护的生活，可据说他曾出宫到城中游玩，见到一位老者、一位病人、一具 44

① 陆威仪：《中国的国际性帝国：唐朝》，马萨诸塞州剑桥市：贝尔纳普出版社，2009 年，第 217 页（Mark Edward Lewis，*China's Cosmopolitan Empire: The Tang Dynasty*，Cambridge，Mass.，Bellknap Press，2009，p. 217）。

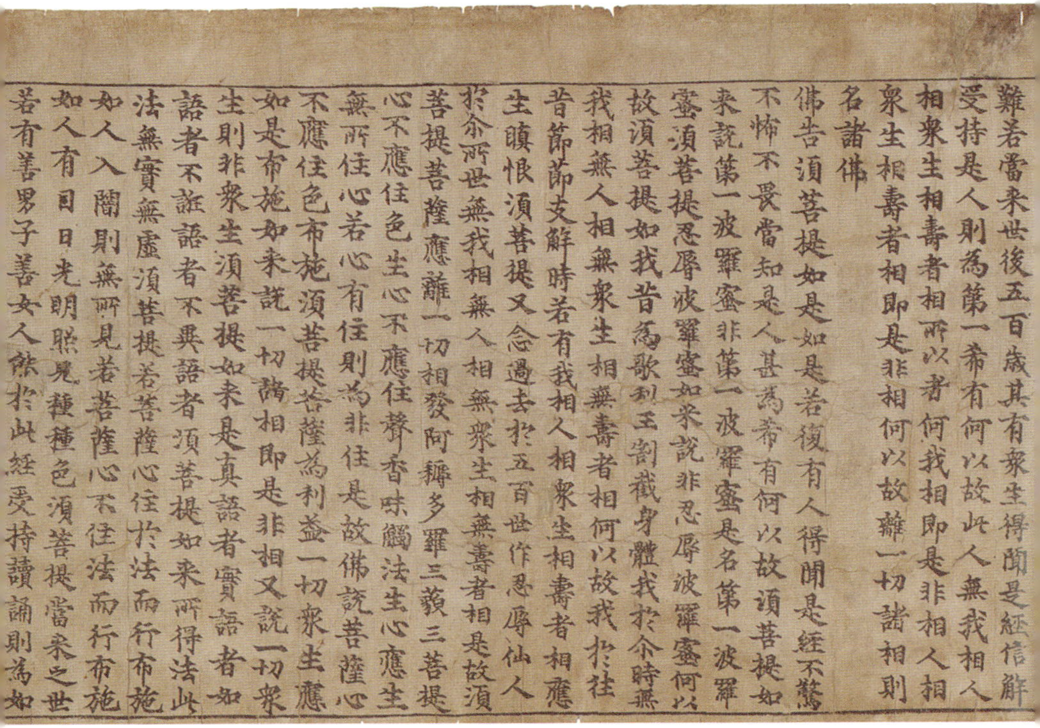
難若當來世後五百歲其有衆生得聞是經信解
受持是人則為第一希有何以故此人無我相人
相衆生相壽者相所以者何我相即是非相人相
衆生相壽者相即是非相何以故離一切諸相則
名諸佛
佛告須菩提如是如是若復有人得聞是經不驚
不怖不畏當知是人甚為希有何以故須菩提如
來說第一波羅蜜非第一波羅蜜是名第一波羅
蜜須菩提忍辱波羅蜜如來說非忍辱波羅蜜何以
故須菩提如我昔為歌利王割截身體我於尒時無
我相無人相無衆生相無壽者相何以故我於往
昔節節支解時若有我相人相衆生相壽者相應
生瞋恨須菩提又念過去於五百世作忍辱仙人
於尒所世無我相無人相無衆生相無壽者相是故須
菩提菩薩應離一切相發阿耨多羅三藐三菩提
心不應住色生心不應住聲香味觸法生心應生
無所住心若心有住則為非住是故佛說菩薩心
不應住色布施須菩提菩薩為利益一切衆生應
如是布施如來說一切諸相即是非相又說一切衆
生則非衆生須菩提如來是真語者實語者如
語者不誑語者不異語者須菩提如來所得法此
法無實無虛須菩提若菩薩心住於法而行布施
如人入闇則無所見若菩薩心不住法而行布施
如人有目日光明照見種種色須菩提當來之世
若有善男子善女人能於此經受持讀誦則為如

尸体和一位虔诚的苦行者。这就是所谓的“四门出游”——见到前三者令他震惊与哀恸，见到最后一位令他深思——引导他弃绝尘世而去寻求精神上的解脱。种种关于他的生平传说，讲述了他如何勇敢地抵御攻击，经受严峻的考验，并因此而赢得众多的追随者。当他作为一个觉悟者离世时，他已经脱离了轮回，得到了涅槃。

在佛陀逝世后的数百年间，他的弟子们以口口相传的方式传播着他的思想。其要旨是——生命的本质是苦。这是“四圣谛”

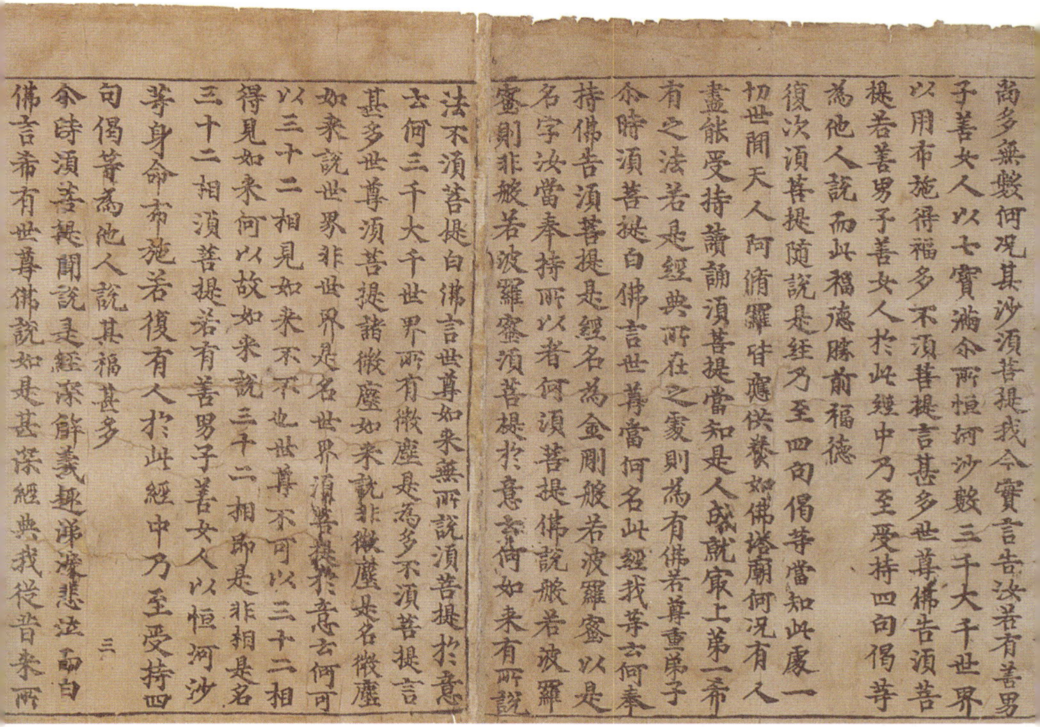

尚多無數何况其沙須菩提我今實言告汝若有善男
子善女人以七寳滿尒所恒河沙數三千大千世界
以用布施得福多不須菩提言甚多世尊佛告須菩
提若善男子善女人於此經中乃至受持四句偈等
為他人説而此福德勝前福德
復次須菩提随説是經乃至四句偈等當知此處一
切世間天人阿脩羅皆應供養如佛塔廟何况有人
盡能受持讀誦須菩提當知是人成就最上第一希
有之法若是經典所在之處則為有佛若尊重弟子
尒時須菩提白佛言世尊當何名此經我等云何奉
持佛告須菩提是經名為金剛般若波羅蜜以是
名字汝當奉持所以者何須菩提佛説般若波羅
蜜則非般若波羅蜜須菩提於意云何如来有所説
法不須菩提白佛言世尊如来無所説須菩提於意
云何三千大千世界所有微塵是為多不須菩提言
甚多世尊須菩提諸微塵如来説非微塵是名微塵
如来説世界非世界是名世界須菩提於意云何可
以三十二相見如来不不也世尊不可以三十二相
得見如来何以故如来説三十二相即是非相是名
三十二相須菩提若有善男子善女人以恒河沙
等身命布施若復有人於此經中乃至受持四
句偈等為他人説其福甚多　三
尒時須菩提聞説是經深解義趣涕淚悲泣而白
佛言希有世尊佛説如是甚深經典我從昔来所

中的第一圣谛，说的是生命中疾病、衰老和死亡等痛苦，以及因无法满足欲望而导致的沮丧与挫败等。第二圣谛阐述了对物质和感官享受的欲望是苦的根源。第三圣谛提出抑止欲望。而第四圣 45 谛则指出实现抑止欲望的做法是“八正道”，即正见、正思维、正语、正业、正命、正精进、正念和正定。四圣谛的基本点是，相信人没有永恒不变的自我或灵魂，因为组成生命的一切都在不断变化之中，并重新组成新的生命。这些变化并不是主观随意的，

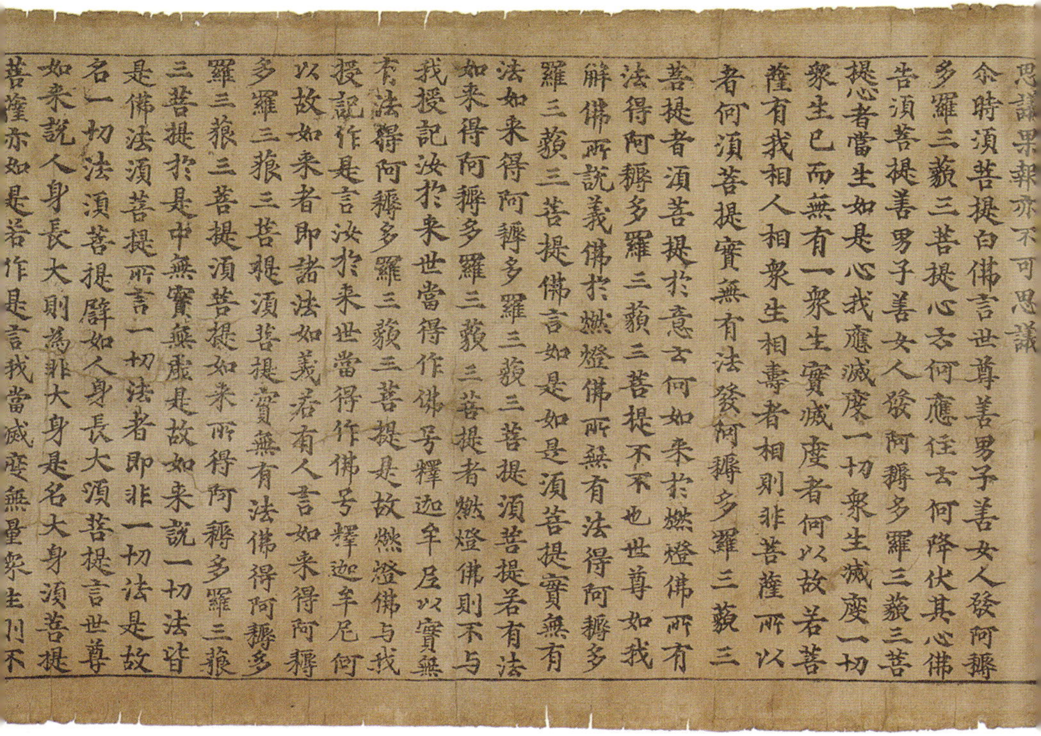
思議果報亦不可思議
尒時須菩提白佛言世尊善男子善女人發阿耨
多羅三藐三菩提心云何應住云何降伏其心佛
告須菩提善男子善女人發阿耨多羅三藐三菩
提心者當生如是心我應滅度一切衆生滅度一切
衆生已而無有一衆生實滅度者何以故若菩
薩有我相人相衆生相壽者相則非菩薩所以
者何須菩提實無有法發阿耨多羅三藐三
菩提者須菩提於意云何如来於燃燈佛所有
法得阿耨多羅三藐三菩提不不也世尊如我
解佛所說義佛於燃燈佛所無有法得阿耨多
羅三藐三菩提佛言如是如是須菩提實無有
法如来得阿耨多羅三藐三菩提須菩提若有法
如来得阿耨多羅三藐三菩提者燃燈佛則不与
我授記汝於来世當得作佛号釋迦牟尼以實無
有法得阿耨多羅三藐三菩提是故燃燈佛与我
授記作是言汝於来世當得作佛号釋迦牟尼何
以故如来者即諸法如義若有人言如来得阿耨
多羅三藐三菩提須菩提實無有法佛得阿耨多
羅三藐三菩提須菩提如来所得阿耨多羅三藐
三菩提於是中無實無虛是故如来說一切法皆
是佛法須菩提所言一切法者即非一切法是故
名一切法須菩提譬如人身長大須菩提言世尊
如来說人身長大則為非大身是名大身須菩提
菩薩亦如是若作是言我當滅度無量衆生則不

而是由“业”来决定，受因果的支配，根据“业”的好坏来决定在轮回之中是得到奖励还是受到惩罚。

遵循“八正道”这种精神实践的最好办法就是隐居在寺院里。佛教徒通过“四禅”来清除心中的“五盖”（贪欲、嗔恚、昏眠、掉举恶作、疑），从而止息感知，去除情欲，不断精进，抵达涅槃。居士们则通过捐赠食物、衣服、听取僧人宣教等支持僧人，从而修得功德。他们还可以修习禅法及调息术，并像僧人一样遵循寺

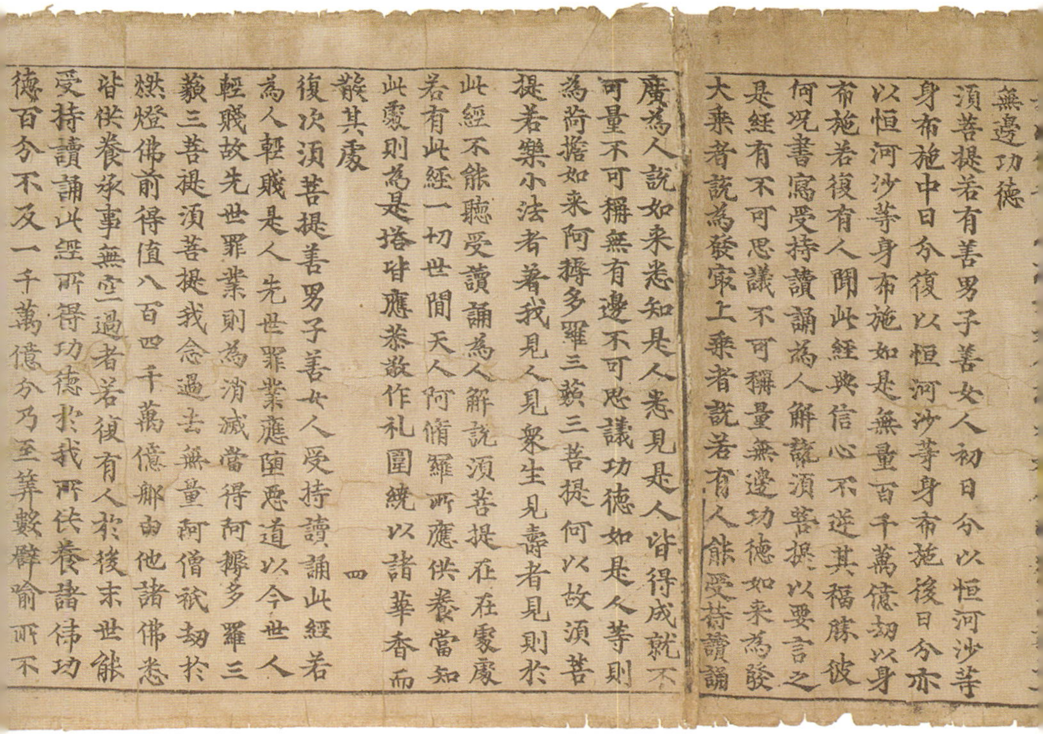

院有关饮食和衣着的相关戒律。数个世纪以来，虽然不少地方的佛教随着时代的变迁，为适应当地的文化，自身已经发生了变化，但这些基本原则在世界各地的佛教团体中依然可以见到。在中国，佛教寺庙的确在蓬勃发展，然而，儒家与佛教依然有着不可调和的冲突。比如，儒家遵循照顾年迈双亲与祭祀祖先的家庭责任，而佛教的离家隐居使得僧尼从家庭生活中抽身隐退，这二者之间存在着一种根本的冲突。随着寺庙经济在中国的发展，寺庙通过

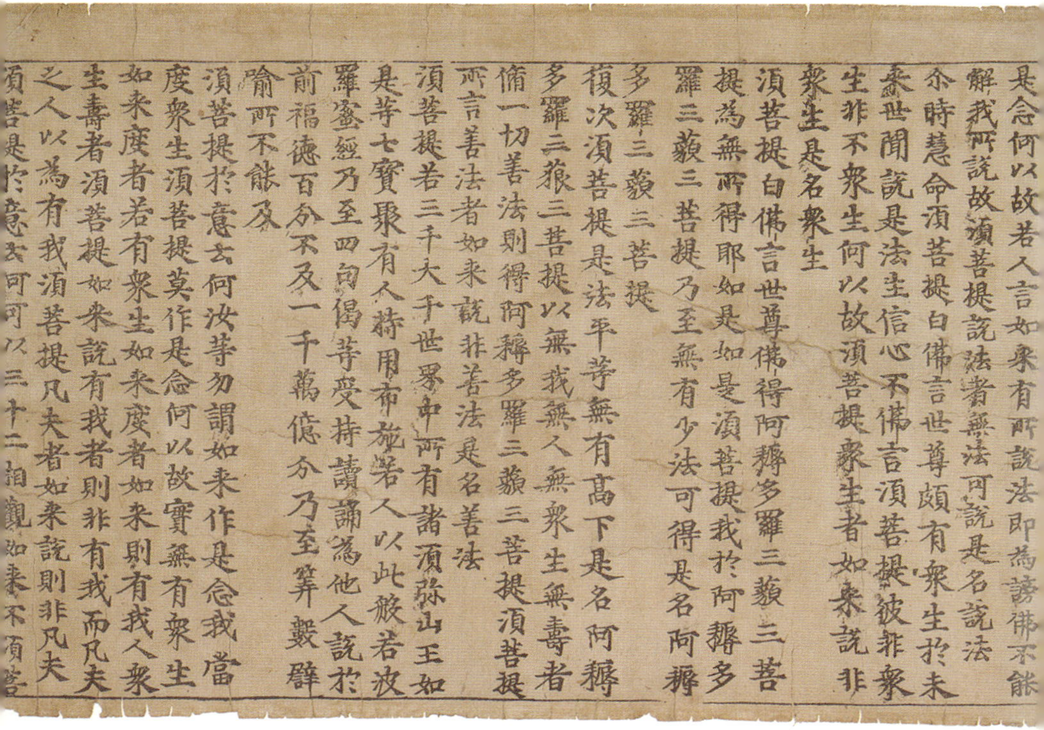

是念何以故若人言如來有所說法即為謗佛不能
解我所說故須菩提說法者無法可說是名說法
尒時慧命須菩提白佛言世尊頗有衆生於未
來世聞說是法生信心不佛言須菩提彼非衆
生非不衆生何以故須菩提衆生衆生者如來說非
衆生是名衆生
須菩提白佛言世尊佛得阿耨多羅三藐三菩
提為無所得耶如是如是須菩提我於阿耨多
羅三藐三菩提乃至無有少法可得是名阿耨
多羅三藐三菩提
復次須菩提是法平等無有高下是名阿耨
多羅三藐三菩提以無我無人無衆生無壽者
脩一切善法則得阿耨多羅三藐三菩提須菩提
所言善法者如來說非善法是名善法
須菩提若三千大千世界中所有諸須弥山王如
是等七寶聚有人持用布施若人以此般若波
羅蜜經乃至四句偈等受持讀誦為他人說於
前福德百分不及一千萬億分乃至筭數譬
喻所不能及
須菩提於意云何汝等勿謂如來作是念我當
度衆生須菩提莫作是念何以故實無有衆生
如來度者若有衆生如來度者如來則有我人衆
生壽者須菩提如來說有我者則非有我而凡夫
之人以為有我須菩提凡夫者如來說則非凡夫
須菩提於意云何可以三十二相觀如來不須菩

信众对土地和财物的布施变得相当富有，可这也让政府感受到威
47 胁，以至于 845 年时，佛教曾经受到官方的迫害，数以千计的僧尼遭到驱逐，寺院的田地与财产被充公。虽则如此，佛教信徒仍继续进行那些他们认为可以获得功德的事业，例如像王玠这样，出资印刷《金刚经》，并广为散发。[1]

① 有关这一时期中国佛教的财富及活动情况，见陆威仪《中国的国际性帝国：唐朝》，第 214—229 页。

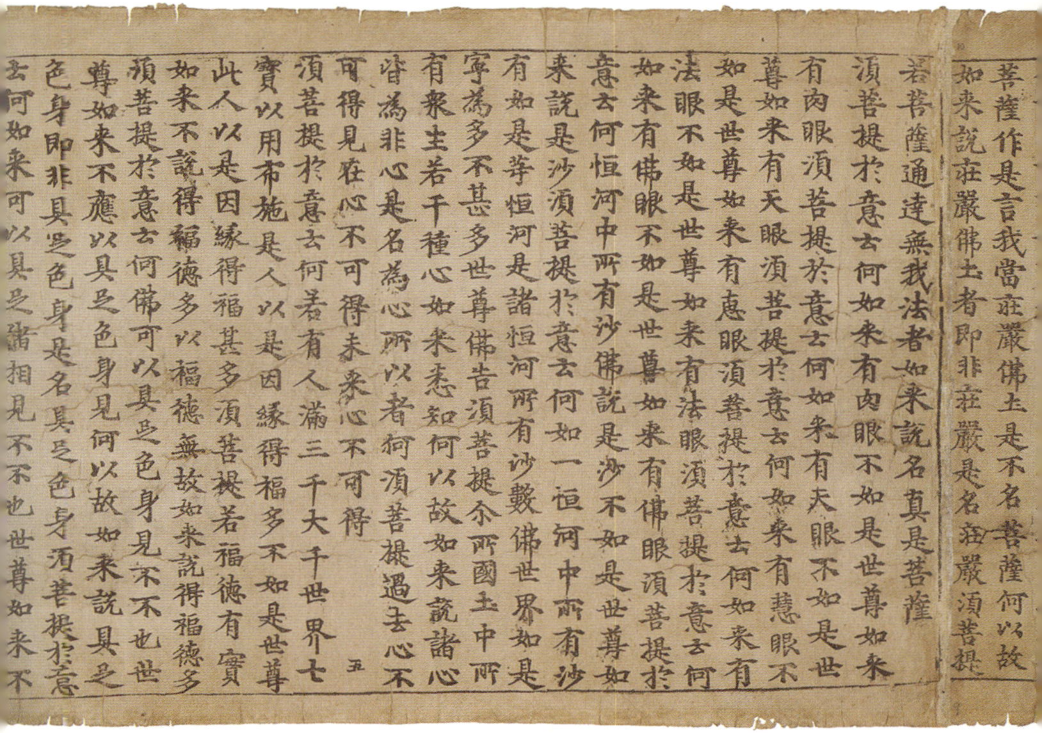
菩薩作是言我當莊嚴佛土是不名菩薩何以故
如來說莊嚴佛土者即非莊嚴是名莊嚴須菩提
若菩薩通達無我法者如來說名真是菩薩
須菩提於意云何如來有肉眼不如是世尊如來
有肉眼須菩提於意云何如來有天眼不如是世
尊如來有天眼須菩提於意云何如來有慧眼不
如是世尊如來有慧眼須菩提於意云何如來有
法眼不如是世尊如來有法眼須菩提於意云何
如來有佛眼不如是世尊如來有佛眼須菩提於
意云何恒河中所有沙佛說是沙不如是世尊如
來說是沙須菩提於意云何如一恒河中所有沙
有如是等恒河是諸恒河所有沙數佛世界如是
寧為多不甚多世尊佛告須菩提尒所國土中所
有衆生若干種心如來悉知何以故如來說諸心
皆為非心是名為心所以者何須菩提過去心不
可得見在心不可得未來心不可得 五
須菩提於意云何若有人滿三千大千世界七
寶以用布施是人以是因緣得福多不如是世尊
此人以是因緣得福甚多須菩提若福德有實
如來不說得福德多以福德無故如來說得福德多
須菩提於意云何佛可以具足色身見不不也世
尊如來不應以具足色身見何以故如來說具足
色身即非具足色身是名具足色身須菩提於意
云何如來可以具足諸相見不不也世尊如來不

佛经依照佛教的传统口口相传数世纪以后，斯里兰卡开始出现巴利文写本，而书写在贝叶上的梵文佛经则出现在 2 世纪。在佛陀逝世后不久召开的结集大会上，佛教典籍的“三藏”已经产生，包括佛所说的言教（经），僧人所遵循的行为规范（律）及学僧们的论述（论）。[1]

① 我本人非常倚重弗拉基米尔·兹瓦尔夫后来做的编目《佛教：艺术与信仰》，伦敦：英国国家博物馆，1985 年（Wladimir Zwalf’s catalogue, *Buddhism: Art and Faith*, London, British Museum, 1985）。

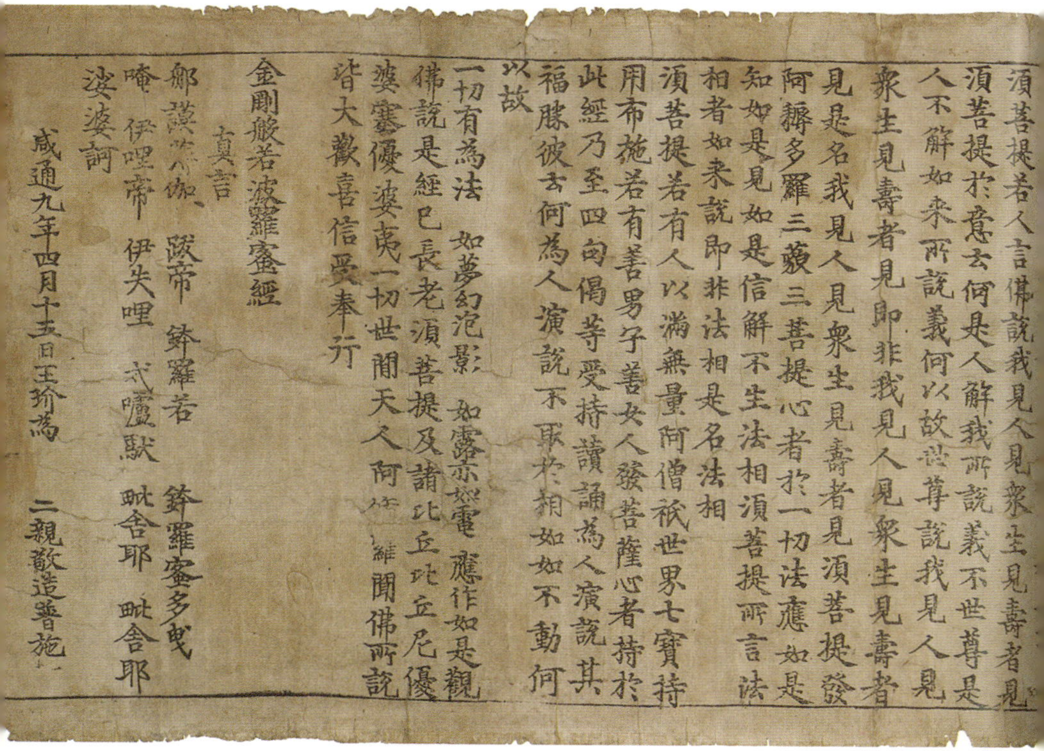
須菩提若人言佛說我見人見衆生見壽者見
須菩提於意云何是人解我所說義不世尊是
人不解如來所說義何以故世尊說我見人見
衆生見壽者見即非我見人見衆生見壽者
見是名我見人見衆生見壽者見須菩提發
阿耨多羅三藐三菩提心者於一切法應如是
知如是見如是信解不生法相須菩提所言法
相者如來說即非法相是名法相
須菩提若有人以滿無量阿僧祇世界七寶持
用布施若有善男子善女人發菩薩心者持於
此經乃至四句偈等受持讀誦為人演說其
福勝彼云何為人演說不取於相如如不動何
以故
一切有為法 如夢幻泡影 如露亦如電 應作如是觀
佛說是經已長老須菩提及諸比丘比丘尼優
婆塞優婆夷一切世間天人阿修羅聞佛所說
皆大歡喜信受奉行
金剛般若波羅蜜經
真言
那謨薄伽跋帝 鉢羅若 波羅蜜多曳
唵 伊哩帝 伊失哩 式嚧馱 毗舍耶 毗舍耶
娑婆訶
咸通九年四月十五日王玠為 二親敬造普施

48 佛教从北印度经过中亚，在东汉（25—220）初年传到中国。2 世纪中叶，已出现一批人数可观的译经者。他们多数来自中亚，如安息人和粟特人。他们通常以团队合作的方式，将佛经译为汉文。在后来的几个世纪中，成千上万的梵文佛经被译成汉文。7—8 世纪，又有藏文译本出现。不少梵文佛典的原本在 8—13 世纪穆斯林入侵印度时已被毁掉，无处寻觅，唯有它们的汉文和藏文译本得以保留。

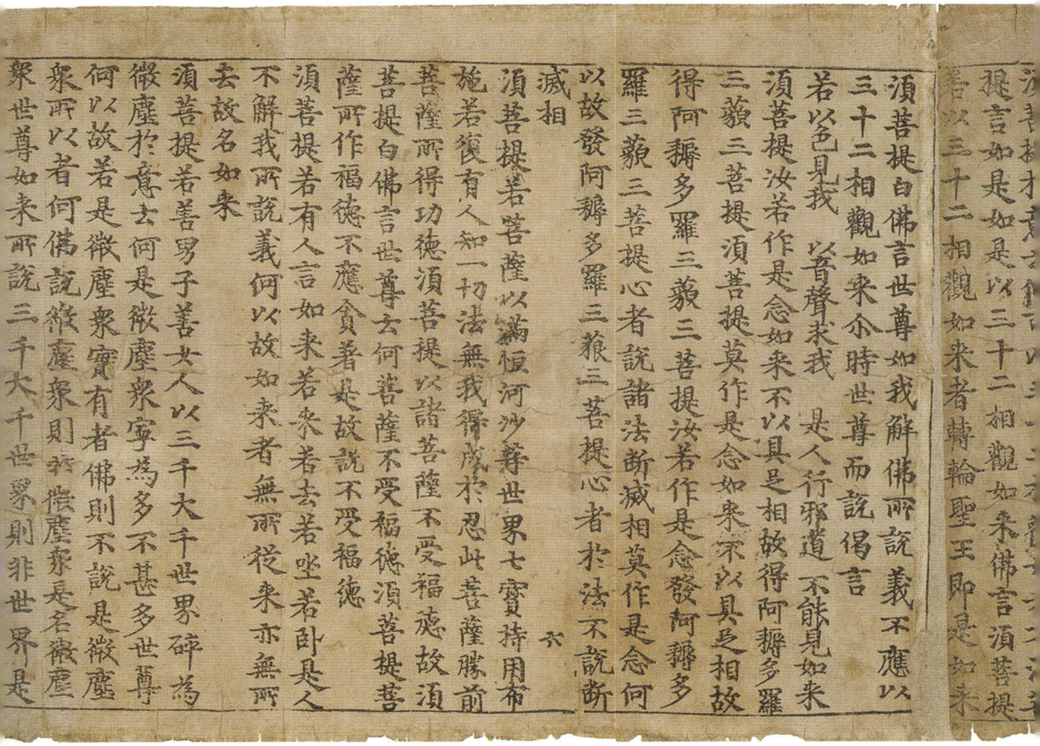
提言如是如是以三十二相觀如來佛言須菩提
若以三十二相觀如來者轉輪聖王即是如來
須菩提白佛言世尊如我解佛所說義不應以
三十二相觀如來尒時世尊而說偈言
若以色見我　以音聲求我　是人行邪道　不能見如來
須菩提汝若作是念如來不以具足相故得阿耨多羅
三藐三菩提須菩提莫作是念如來不以具足相故
得阿耨多羅三藐三菩提汝若作是念發阿耨多
羅三藐三菩提心者說諸法斷滅相莫作是念何
以故發阿耨多羅三藐三菩提心者於法不說斷
滅相
須菩提若菩薩以滿恒河沙等世界七寶持用布
施若復有人知一切法無我得成於忍此菩薩勝前
菩薩所得功德須菩提以諸菩薩不受福德故須
菩提白佛言世尊云何菩薩不受福德須菩提菩
薩所作福德不應貪著是故說不受福德
須菩提若有人言如來若來若去若坐若卧是人
不解我所說義何以故如來者無所從來亦無所
去故名如來
須菩提若善男子善女人以三千大千世界碎為
微塵於意云何是微塵衆寧為多不甚多世尊
何以故若是微塵衆實有者佛則不說是微塵
衆所以者何佛說微塵衆則非微塵衆是名微塵
衆世尊如來所說三千大千世界則非世界是

《金刚经》有若干种[1]梵本被保存下来，还有几种藏文和蒙文译本存世。除此而外，尚有多种[2]汉文译本。最早的一种是鸠摩罗什（344—413）在401年前后翻译的。还有一种是玄奘在648年翻译的。[3]玄奘（602—664）恐怕是中国最负盛名的取经僧 49

① 译者按：原文作一种，实则应有若干种。

② 译者按：原文作八种，但现存可靠的有六种。

③ 译者按：原文误把玄奘的一个译本当作两个了，今改。

人和翻译家。最后一种是义净在 703 年的译本。本书所讲的《金刚经》是鸠摩罗什的译本。此本虽然不被视为诸译本中最精准的那一个，但它至今仍然是中国最通用的唱诵传本。诵经即读诵佛陀的话，是获取功德的一种方式。《金刚经》的篇幅短小精悍，大约 40 分钟即可诵毕。在唐代的敦煌，它显然非常流行。在斯坦因取自第 17 窟的遗书中，《金刚经》写本约有 1 020 件①，还有两件印本②，其总数仅次于《妙法莲华经》，位居第二。

同众多早期翻译家一样，鸠摩罗什并非汉人。他生于库车，父亲是印度的婆罗门贵族，母亲是库车公主。他 9 岁那年，虔
50 信佛教的母亲带他前往克什米尔学习。他在 40 岁前后被一支中国军队俘获并开始学习汉文。作为佛教学者和教师，他早已享有盛名，因此成为当地数位统治者争夺的对象。最后他终于定居在当时中国的首都长安（今西安），并译出众多佛教典籍，其译文以不刻板地拘泥于原文、文辞流畅优美见长。尽管他有着崇高的使命感和高超的翻译技巧，但根据记载，他也曾说过这

---

① 译者按：原文作 615 件，最新统计为 1 020 件。

② Or. 8210/P.11 是一件印品的残件。见翟林奈（1875—1958）《英国国家博物馆藏敦煌汉文写本注记目录》，伦敦：英国国家博物馆，1957 年，第 279 页，编号：8084（Lionel Giles，*Descriptive Catalogue of Chinese Manuscripts from Tunhuang in the British Museum*，London，British Museum，1957，p. 279，no. 8084）。

尺寸缩小后的经卷全文。此经印在6张纸上，扉画则单独印在一张尺寸更小的纸上。书写经文与绘制扉画几乎可以肯定是两个不同的人，即一位书法家和一位艺术家。

样的话：读一部经的译本而非其梵文原典，就如同在吃别人嚼过的米饭一样。[1]

《金刚经》是般若部的经典之一，属于所谓的大乘佛教。大乘佛教于公元前1世纪或更早些的时候出现在南印度，它的核心目标是成佛——获得觉悟，但为了救助他人可推迟进入涅槃的时间。这部经的梵文名称是 *Vajracchedikaprajnaparamita*，塞缪尔·毕尔（Samuel Beal）牧师最早将其译为“kin-kong-king”。[2] 51
而它在英语世界的通用名称则为“Daimond Sutra”。马克斯·缪勒（Max Muller）1894年的译本就采用了这一名称。另一个对应于“vajra”（金刚）的译法为“雷霆之杵”，意为“最高智慧可以像雷霆之杵一样地切割”，这个含义在蒙文的词汇和语法中表达

① 见 http: //en.wikipedia.org/wiki/Kumarajiva 以及兹瓦尔夫《佛教：艺术与信仰》，第77页。

② 见刊于《皇家亚洲学会志》，1864—1865年（*Journal of the Royal Asiatic Society*，1864-1865）。

得非常清楚，但是最通行的标题还是“金刚经”。[①]

我们的这部《金刚经》印本卷首有一段文字，共约78个字[②]，在任何《金刚经》梵文本中都找不到对应的内容[③]，在鸠摩罗什译的任何标准印本《金刚经》，比如日本的《大正新修大藏经》
52 （1924—1934）中也看不到。这段文字包括“净口业真言”，亦即要求所有想念诵这部《金刚经》的人，首先需要“净口”。其具体方法是重复念诵一些具有穿透力的音节（这些音节从梵文音译过来），还包括启请八大金刚（八大雷霆之杵），即“除灾”“辟毒”“黄随求”“白净水”“赤声”“定除厄”“紫贤”和“大神”等八位金刚。

印本《金刚经》卷首这个不同寻常的开端，强调了经文本身作为虔诚诵读载体的威力（这也是经中不断重复的主题）。随后，如同其他许多佛经一样，以场景描述的方式开始叙述：“如是我闻：一时，佛在舍卫国祇树给孤独园，与大比丘众千二百五十人俱。”接下来的一段，汉文本较梵文本要短，简单描述了佛陀著衣，
53 持钵入城，挨家挨户地乞讨食物。当他返回精舍后，用饭，洗足，然后坐下。在梵本中，佛陀结跏趺坐，与此同时，众比丘走向他，

---

① 鲍培氏：《〈金刚经〉：三个蒙文本的〈金刚经〉——经文、译本、注解暨术语表》，《亚洲研究》第35册，威斯巴登：哈拉索威兹出版社，1971年，第1页（Nicholas Poppe, *The Diamond Sutra: Three Mongolian Versions of the Vajracchedika Prajnaparamita. Texts*, *Translations*, *Notes and Glossairies*, Wiesbaden, Harrasowitz, 1971 [*Asiatische Forschungen*, vol. 35], p. 1）。

② 译者按：原书作“62”个字，误将冥司偈及卷首真言搞混了，这里按照文章下面的叙述，按照卷首真言来处理。

③ 陈淑玲（释永有）：《宋代以前中国文化里的〈金刚经〉》，第85页。第123页中陈淑玲就《金刚经》汉译本中这62个字的问题给出一个颇有意思的叙述。从本质上讲，这62个字是有关“存在”性空的另一处问答，而这样的问答“在6世纪中叶至682年期间，是存在的……然而，在735年玄宗皇帝颁布其论疏的前夕就消失了。然后在……822年前不知怎么又恢复了”。（译者按：陈淑玲此处所述为“冥司偈”。）

向他匍匐行礼，绕行三匝，然后坐在他的一侧。不论在梵本或汉文本中，《金刚经》皆以须菩提长者向佛陀发问、佛陀作答这样的形式进行。而这个场景，在本经的扉画也可以看到：须菩提长者就是位于扉画的左下方，那位跪在一方坐垫上的长者。

须菩提首先向佛陀请求获得诸菩萨的无上妙法，还询问如果有人寻求菩萨道，应该如何行事："云何降伏其心？"[1] 事实上，他的这个问题在经中重复了多次，而佛陀每次都给出相同的解答。 54
"若菩萨有我相、人相、众生相、寿者相，即非菩萨"，所以，菩萨不可能从物质世界的角度去加以界定。只要他们"行于布施，所谓不住色布施，不住声香味触法布施"，那么，他们的功德就是不可思量的。为了强调这一点，佛陀接下来又问须菩提："须菩提！于意云何？可以身相见如来不？"亦即有无可能用物质特征来定义佛？听到佛陀的问话之后，须菩提肯定地回答："不也。"此后，佛陀重复指出："凡所有相，皆是虚妄。"另一个佛陀重复讲述的主题，则是通过询问须菩提："须菩提！于意云何？若人满三千大千世界七宝（或蒙古语中的"珠宝""宝石"）以用布施，是人所得福德，宁为多不？"

接下来，佛陀继续讲道：人只要学习此《金刚经》中的四句偈，并传授给他人，这种行为所产生的福德不可胜数、无法衡量，远远多于其他行为产生的福德。其后，这个意义又被复述了一遍。佛陀还说："（如果）有人尽能受持读诵（《金刚经》），须菩提！当知是人成就最上第一希有之法。"甚至"若是经典所在之处，则

① 保罗·哈里森、渡边彰吾：《金刚经》，收入冉斯·布拉维克主编《树岩氏收藏中的佛教手稿》第三册，奥斯陆：赫密士出版社，2006 年，第 142 页（Paul Harrison and Shogo Watanabe, "Vajracchedika Prajnaparamita", in Jens Braarvig, *Buddhist Manuscripts in the Schoyen Collection*, vol. 3, Oslo, Hermes Publishing, 2006, p. 142）。哈里森和渡边曾就两件来自吉尔吉特的 6—7 世纪的写本通力合作过。

为有佛”。[①] 传授这部经典，并用实际行动来牢记它、重复念诵它，其价值要胜过无以计数的成堆珠宝。然后这个主题又在经的后面重复出现，以驳斥一种对于佛和菩萨的误导性观点，即认为能够通过他们的身体特征来辨识是否为佛。经中提到佛陀的三十二相，并告知须菩提：“若以色见我，以音声求我，是人行邪道，不能见如来。”在关于万物皆空的总结中，佛陀用一首偈颂阐明一切事物皆应视作“如梦幻泡影，如露亦如电”[②]。

55 经中某些论辩采用了中国人熟悉的表达方式。如汉语中“一万”代表无数，“万万”（一万乘以一万）则表示无限。所以，在经文中使用了“恒河沙数”“满三千大千世界七宝”这样一些大数字。此外，佛陀在经中辩证的论述，也让人想到公孙龙（约公元前 325—前 250）的哲学论辩。公孙龙最著名的命题是所谓“白马非马”。他论证说：“马者，所以命形也；白者，所以命色也。命色者非命形也，故曰：‘白马非马。’”[③]（“马”是从形状而言，“白”是从颜色而言。对颜色的称呼并非用于形状，所以说：“白马不是马。”）

经中论辩内容的复杂性，以及学习并诵读此经本身即会带来

---

① 见查尔斯·马勒（Charles Muller）从中文译出的译文，http：//www.acmiller.net/bud-canon/diamond_sutra.html：马氏第 11 部和第 12 部。

② 在于阗文译本中“闪电（lightning）”一词不可思议地消失了。见 R.E. 恩莫瑞克著《于阗本〈金刚经〉的结尾偈句》，收入刘易斯·兰卡斯特主编《〈金刚经〉及其相关体系：爱德华·孔兹纪念文集》，《伯克利佛教丛书》，1977 年，第 83 页（R.E. Emmerick, “The Concluding Verses of the Khotanese Vajracchedika,” in Lewis Lancaster[ed.], *Prajnaparamita and Related Systems: Essays in Honour of Edward Conze*, Berkeley Buddhist series，1977，p. 83）。

③ 葛瑞汉：《论道者：中国古代哲学论辩》，拉萨尔：敞院出版社，1989 年，第 85 页（A.C. Graham，*Disputers of the Tao: Philosophical Argument in Ancient China*，La Salle，Open Court，1989，p. 85）。

功德这一简明扼要的启示，是该经的两个对比鲜明的特征。一位《金刚经》专家曾经说过，此经读而不诵，就像只看乐谱而不听音乐。中国的佛教徒肯定很熟悉这种唱诵的方式，因为它也是寺庙中的一种仪式。无论怎样，听着低吟诵读的嗡嗡声（对一只打着呼噜的猫，中国俗语称之为“猫念经”），是一种非常特别的体验，它和学者热衷的关于“形式”与“实质”的论辩完全不同。[①]

---

① 保罗·哈里森教授，见 http: //tibeto-logic.blogspot.com/2009/10/paul-harrision-on-diamond.html。英国国家图书馆数字化《金刚经》唱诵优美，系由佛光山特别录制。

第四章　印　制

58　这部《金刚经》是如何印制出来的?

众所周知，纸张的发明，是大批量地复制图画与文书的重要前提。鲁道夫·霍恩雷曾是斯坦因的老师，他曾在1903年和1904年发表过两篇与纸张的发明有关的论文，斯坦因应该从中粗略地了解到造纸术的发明史。霍恩雷担任过孟加拉亚洲学会的秘书长，正是由于他的同意，该学会于1893年出版了斯坦因编校的梵文史诗《克什米尔王统记》(*Rajatarangini*①)。他后来与斯坦因成为朋友。斯坦因在1891年谈及霍恩雷时描述:“能和某个人在我的领域里热烈讨论的那种久违的喜悦，很久都不曾有过。”②霍恩雷在他的首篇文章《谁是布浆纸发明者? 》中写道:“那种混合棉纸……中国人很早就知道，这是蔡伦在2世纪初发明的。”③是年6月26日，斯坦因在研究一份被蒋孝琬误断为86年的写本时，在他的日记里写道:“纸张理应在此后的40年才会问世。”④蒋孝琬的错误可能是因为弄错了这个写本的周期性纪年(指的是中国近代在确定年代时通常使用的60年一甲子的周期纪年)，所以把实际年代应为416年的写卷误为86年。这个写本是一份地方人口普查表仅存的残片，即便它的产生年代不能前推到造纸术发明之前的1世纪，它依然是斯坦因藏品中有明确纪年的、年代顺

① 译者按：原书误作“Ratarangini”。

② 简尼特·莫斯基:《奥莱尔·斯坦因爵士：考古探险家》，芝加哥大学出版社，1977年，第46页(Jeannette Mirsky, *Sir Aurel Stein: Archaeological Explorer*, University of Chicago Press, 1977, p. 46)。

③ 鲁道夫·霍恩雷:《谁是布浆纸发明者? 》,《皇家亚洲学会志》，1903年，第697页(Rudolf Hoernle, “Who was the Inventor of Rag Paper ?”, *JRAS*, 1903, p. 697)。

④ 博德利图书馆，斯坦因手稿第205号，第128页(Bodleian Library, Stein Mss. 205, fol. 128)。

序排列为第二的写本。[①]

据《后汉书》(记录东汉历史的史书，编纂于5世纪)记载，蔡伦是一位宦臣，他自89年起任职于皇室的器械、武器工场。他在105年上书给皇帝，禀报了他的工作成果："(伦)乃造意，用树肤、麻头及敝布、鱼网以为纸……自是莫不从用焉，故天下咸称'蔡侯纸'"[②]([蔡伦]用树皮、麻、破布和渔网制成了纸……从此，大家都按照这种方式造纸，并把这种纸称为"蔡侯纸")。诚如一位史学家指出的：编纂《后汉书》时，"历史档案已经不复存在"，因为在东汉灭亡以后，特别是洛阳被攻陷以后，写在竹简上的档案文书已经被毁，"丝绸的卷轴已被用来做了帘子"。但是，蔡伦造纸的故事还记录在另一些史料当中，官方的史实也可能是由此而来。[③]"他先有了用树皮、破布和渔网造纸的理念与实践，并在105年向皇上呈报造纸的工艺流程，得到表彰……"[④]

① 译者按：该写卷为斯00113号《建初十二年(416)正月敦煌郡敦煌县西宕乡高昌里籍》(拟)，写卷本身并无干支纪年，蒋孝琬何以将它定为86年，不清楚。斯坦因所得敦煌遗书中有明确纪年且年代最早的写卷为斯00797号背《十诵比丘戒本》，上有题记，作"建初元年(406)岁在乙巳十二月五日"。故斯00113号为斯坦因所得有明确纪年且年代顺序排列为第二的写卷。

② 钱存训:《纸和印刷》，收入李约瑟主编的《中国科学技术史》，为第五卷《化学及相关技术》第一分册，剑桥大学出版社，1985年，第40页(Tsien Tsuen-hsuin, *Paper and Printing*, part 1 of vol. 5, *Chemistry and Chemical Technology*, in Joseph Needham(ed.), *Science and Civilisation in China*, Cambridge University Press, 1985, p. 40)。

③ 毕汉思:《汉室复辟》，斯德哥尔摩:《远东古文物博物馆通报》，第26册，1954年，第9页(Hans Bielenstein, "The Restoration of the Han Dynasty", *Bulletin of the Museum of Far Eastern Antiquities*, Stockholm, 1954, no. 26, p. 9)。

④ 钱存训:《中国古代书史：书于竹帛》(第二版)，第149页。(译者按:《东观汉记》卷十八传十三下"蔡伦"作"黄门蔡伦，字敬仲，典作上方，造意用树皮及敝布、鱼网作纸，奏上，帝善其能，自是莫不用，天下咸称蔡侯纸也"，钱著引文"元兴元年奏上之"出自《东观汉记》聚珍本，行文与《后汉书·蔡伦传》同。见吴树平《东观汉记校注》下册，北京：中华书局，2008年，第816页。)

59 考古发现发现了西汉（公元前 2—前 1 世纪）的纸张。这一
发现有力地挑战了文献中的这种记载。[①] 最早被发现的汉代纸张
中，不少是斯坦因在 20 世纪的最初 10 年所得的。然而自此以后
又发现了大量可追溯到公元前 2—前 1 世纪的纸张，它们大多也
是出自中亚的沙漠地区，而其中就包括了世界上最古老的纸制地
60 图以及写有草药名称的残片。[②] 一些研究中国历史的史学家倾向
于认同官方史料，认为这些早期的纸片并不是真正意义上的纸，
如杜希德（Denis Twitchett）认为：尽管那些包草药的纸同时具有
写字和包装两种功能，但是，“那些早期的纸基本上是用麻纤维
制成的，非常粗糙，几乎不能用来书写文字，很可能只用来包东
西”[③]。所以，大概最稳妥的结论是，蔡伦向皇上呈报的，是业已
完善的造纸技术，而不是纸的最初发明。

① 钱存训:《纸和印刷》，第 38 页。

② 钱存训:《中国古代书史：书于竹帛》（第二版），第 146—147 页，图 23。

③ 杜希德:《中古时代的中国的印刷与出版》，伦敦：威金·迪·沃德社，1983 年，第 11 页（Denis Twitchett，*Printing and Publishing in Medieval China*，London，Wynkyn de Worde Society，1983，p. 11）。

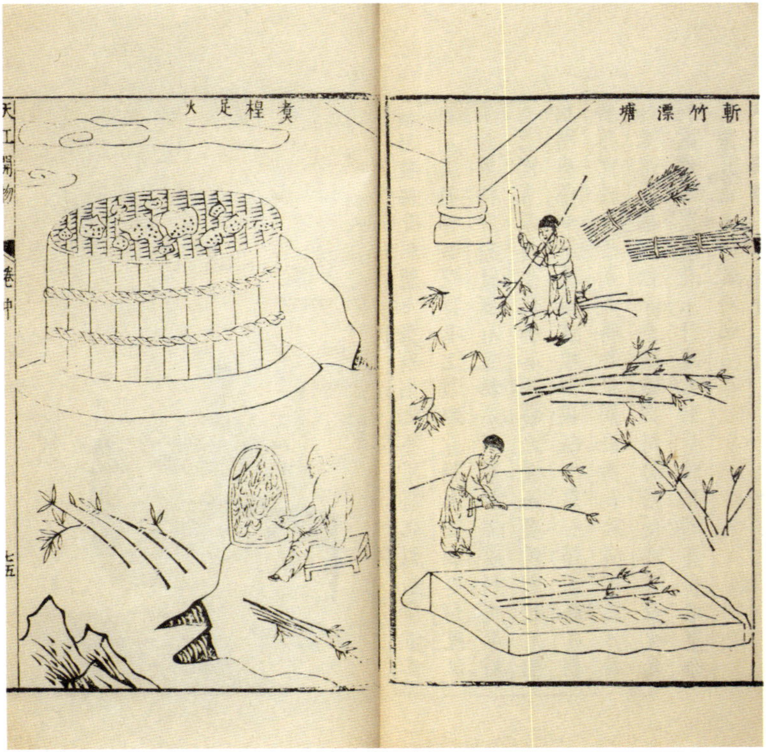

一部 17 世纪的中国科技著作展示出竹纸的制作工艺。桑皮、麻皮、竹，各种材料皆可用于造纸。

造纸的第一步（上图右）：砍下竹子，并将去除大部分枝叶的竹竿浸泡在水池中 100 天。

第二步（上图左）：将充分浸透的竹竿加石灰拌匀、捣碎，在火上煮 8 天。木制的蒸笼外用竹皮拧成的竹绳箍紧，扣在大铁锅上。锅中盛着竹竿与石灰的搅拌物。大蒸笼上盖有用竹子编成的盖子，上面压上石头，下边生火烧煮，看来是用竹子做燃料。这样，这些竹纤维的混合物经过洗、泡、煮后，再沥干，并搀入草木灰和稻草秆，10 天以后再进行最后的粉碎和搅拌。

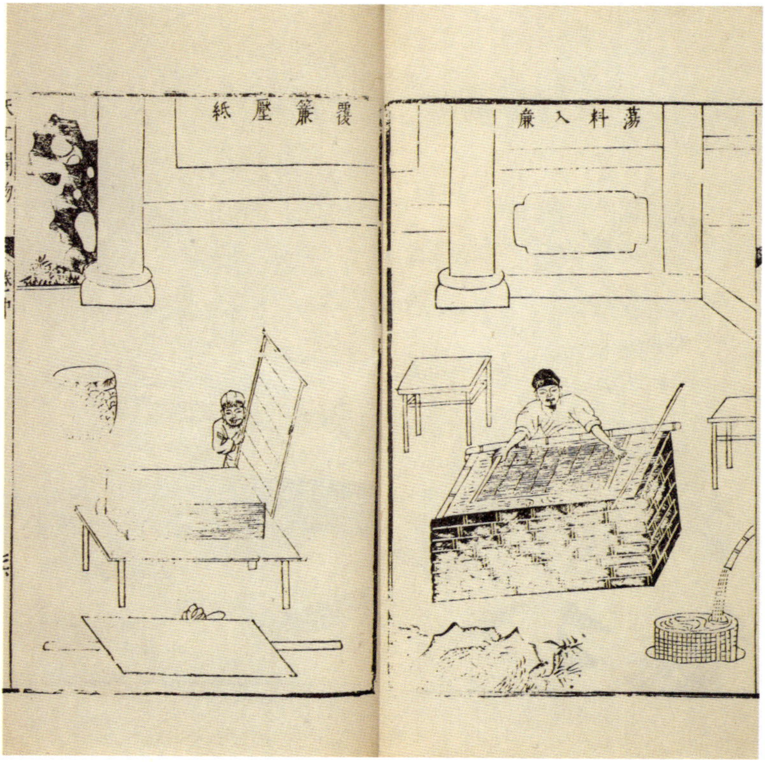

第三步（上图右）：将加工后得到的很细腻的竹纤维混合液倒入一个四方池中。然后用一个过滤用的抄子（其构件包括一个可从框中自由拆卸的用极细竹丝编织的帘子）浸放下去，再将其慢慢拉起来。如此之后，帘上即附上一层极薄的纸纤维。

第四步（上图左）：向下压平湿纸，尽量除去水分。

这是一整幅描绘造纸最后一个步骤的插图。上图右是纸张贴在火墙上烘干。这是一堵空心的墙，在右下边点火。上图左是从火墙上揭下的已经烘干的纸张。

61 纸和毡子在制造方式和成分上非常接近，尽管我们现在把毡子视作一种相当厚实的羊毛织物。纸张被定义为“一种由草、毛等丝状物混合的液体，通过一个非常细密的抄子而形成的一张纤维黏结的薄片”。而我们所说的毡子通常是压平的，而不是在抄子上形成的。[1] 中国的造纸术在其创始初期，曾使用麻纤维作为原料，后来为构树皮，再往后是用竹子。这种方法一直持续了一千多年。在 17 世纪早期，明代有一本关于科技的书，即宋应星的《天工开物》（1637）里面画有相关的插图。

62 那些准备用来加工纸张的原料，无论是麻、桑树皮还是竹子，首先要捣烂，再浸泡在石灰水中，加热，然后倒到水里搅成纤维液。抄子安装有一个框架，最重要的是框架的底部有一个用精细的竹篾编成的帘子。将这个有框架的抄子放入纤维液，轻轻晃动，然后小心地将抄子提起，这样，帘子上就黏附一层纤维。等黏附在帘子上的纤维层的水分沥干后，再将那纤维层揭下来贴在火墙上，烘干后揭下，纸张生产就完成了。

纸张的发明在印刷史上的伟大意义在于，它为印刷书籍提供了一种非常便宜的材料。在公元前 4 世纪，中国的文献都书写在一种昂贵的物品——丝绸之上。在汉代，日常的公文书写在狭长的木简或竹简上。斯坦因在千佛洞附近长城西端汉代驻军留下的垃圾堆里，找到了不少这种便宜的竹、木简。这种简牍的运用及其书写形式，使得中国的传统书写始终以自上而下（好比仍写在狭长的竹简上一样）的方式进行，而不是水平地从左向右书写。这种自上而下的书写方式，一直沿用到 20 世纪初。甚至时至今日，书法家仍然沿用这种传统的书写方式创作其作品。

---

① 钱存训:《纸和印刷》，第 35 页。

造纸技术的完善适逢当时的中国政权正在创建一套庞大的官僚体制，下级官员被委派前往广袤疆土进行人口调查、收集征税时出现的大量不同情况以及种类繁复的赋税，并且奏报以上种种国情。而造纸术意味着中央政府可以便利地使用大量纸张，使上述工作易于完成。虽然敦煌莫高窟第 17 窟遗留的大量写本的内容绝大多数与佛教有关，但并非全部都是佛经，其中甚至还有一些为动物如驴、马和狗等进行丧葬的记录。这不仅因为它们招人喜爱，而且因为佛教相信：所有的动物都有一个灵魂，属于生命轮回的一种形态。[①] 斯坦因带回的一部《金刚经》写本，就是献给一头心爱的动物的："奉为老耕牛神生净土，弥勒下生，同在初会，俱闻圣法。"[②]

这里还收藏有若干世俗文书：一些法律文书，包括遗嘱、合同、借贷还贷文书、一个尼姑以"一头通体无瑕的三岁黑牝奶牛"来换取一些麦子和小米的记录、当地政府的章程与公告以及公私信函，等等。而这一切，都显示出在 5—10 世纪期间，纸张在中 63
国已被广泛地使用。[③]

尽管我们对发明纸张的确切时间还存有疑问，但纸张无疑是中国发明的。另一点也明白无误，即造纸术是由阿拉伯人从中国传到欧洲的。一个传统的故事这样说：751 年，一些中国造纸匠

---

① 丹妮尔·埃利斯贝格：《中国动物丧葬习俗》，《亚洲学报》，第 280 册，1992 年，第 125 页（Danielle Eliasberg, "Pratiques funéraires animales en Chine", *Journal Asiatique*, vol. 280, 1992, p. 125）。

② 英国国家图书馆，Or. 8210/S. 5544。

③ 翟林奈：《敦煌六世纪——英国国家博物馆藏斯坦因收集的汉文写本简记》，伦敦：中国学会，1944 年（Lionel Giles, *Six Centuries at Tunhuang: A Short Account of the Stein Collection of Chinese Manuscripts in the British Museum*, London, China Society, 1944）。此书为 1941 年 10 月翟林奈为中国学会（China Society）所做的演讲，书中对藏品所涉及的各种文献有着最佳的概括性描述。

人在怛罗斯（Talas River）战役中被得胜的阿拉伯人俘获，并被带至撒马尔罕（Samarkand），然后在那里兴建了造纸厂。自此，造纸的秘密为中国以外的人所知。然而，斯文·赫定与斯坦因在沙漠中寻获的纸张却清楚地表明，4 世纪，整个中亚即已知晓造纸术并使用纸张。最有名的证据，就是斯坦因 1907 年在敦煌附近寻获的 313—314 年的“粟特人信件”。[①] 这些信件看上去是被一个邮差在 4 世纪丢弃的。信是一位居住在敦煌的粟特妇女所写，她似乎被不知所终的丈夫遗弃了，变得一无所有。信中说：“我情愿嫁与猪狗，也不愿嫁你为妻！”最终，纸张传入了欧洲。先是在 10 世纪由阿拉伯征服者带入西班牙，其后，在 12 世纪又经西西里传到意大利。[②] 颇具讽刺意味的是，与最早的纸张在中亚得到保存不同，最初欧洲对使用纸张心存疑虑。他们认为纸张过于单薄，不适于书写重要文件。此外，虽然纸张的发明及其向西方的传播很容易找到相关的记录，但雕版印刷术的发明则完全是另一回事了。

虽然中国的造纸工艺可以追溯到 2 世纪，在《天工开物》中也有插图详细描绘了其过程，然而此前中文史料里却一直没有关于雕版印刷术详细过程的记录。直到 1947 年，才有一篇以印刷工人口述为基础的文章发表。[③] 在《天工开物》中，记载了各种各样的技术，比如制瓷、青铜器和铁的铸造、汞的提炼，等等。所有这些技术都包含一种蜕变，即把一种看来不大可能的原始材

---

① 见魏泓、乌尔苏拉·辛姆斯－威廉姆斯《丝路：商贸、旅行、战争与信仰》，伦敦：英国国家图书馆，2004 年，第 148—149 页（Susan Whitfield and Ursula Sims-Williams，*The Silk Road: Trade*，*Travel*，*War and Faith*，London，British Library，2004，pp. 148-149）。

② 钱存训：《纸和印刷》，第 298—299 页。

③ 同上书，第 195 页。

料，变成另一种外观明显迥异的物品：一团泥土变成了半透明的瓷器，坚硬而锋利的竹子变成了柔顺的纸张，土一样的矿砂变成了青铜的钟。但简单的木版雕刻印刷却没有这样明显的嬗变，因而在中国的文献中几乎完全被忽略。那些曾经确实存在过、流传过的相关典籍的信息常常是模糊不清的，没有材料说明它们到底是用哪种方式制作的。是由书吏手抄的，还是由木版雕印的？

1874 年，儒莲（Stanislas Julien）以及其他一些西方学者都提 64
到了一条中国传统文献中的模糊记录，认为其与印刷术有关。这是一则关于隋文帝在 593 年活动的记叙。由于对其中几个词汇的误读，他们认为隋文帝于 593 年曾下诏制成木版雕成的经文并付诸印行。[①] 现在学者们则一致认为这条信息与印刷无关，而是一道关于重新雕刻残废佛像并重新抄写遗失经典的敕命。[②] 这个错误已经在 1919 年被更正。不过，《金刚经》的发现和它的印制年代以及随后在东方的一些类似发现，引导学者们在传统的文献中继续搜寻关于早期雕版印刷品的更多信息。无论如何，如同隋、唐皇帝所做，皇家会资助宗教经典的复制及传播，但对这类活动的描述记载有点模糊不清，令人难以准确了解那些经文究竟是写本还是印刷本。

通过卷首那帧精美的扉画以及那些均匀、精致的雕刻文字，虽然目前还不清楚这部《金刚经》的底本情况，但显然它已是很成熟的印制产品。虽然可以合理地假定，既然纸张是在中国发明

① 亚瑟·伟雷所撰《木刻发明记》一文齐整地将这些错误罗列出，《新中国评论》，第一册，第四期，1919 年，第 412—415 页（Arthur Waley, "Note on the Invention of Woodcuts", *New China Review*, vol. 1, no. 4, 1919, pp. 412–415）。

② 译者按：原文作“废像遗经，悉令雕撰”。参见《历代三宝纪》卷十二。

的，那么雕版印刷也随之在中国发明，可有一些更早期的印刷品也在东亚的其他地方被发现了。

早在此部《金刚经》印行前的100年，一项更早的印刷计划已经在日本称德女天皇（718—770）的资助下进行。她在764—770年间，敕令印制100万份陀罗尼咒语，以及为存放这些陀罗尼制作了舍利塔形的木质小宝塔。称德女天皇下令所印的陀罗尼咒语出自《无垢净光大陀罗尼经》，而此经在705年之前由来自康居的僧人法藏译为汉文。这篇短小经文可能与印度的佛教葬仪有关。经文许诺，谁要是抄写它，就会积大功德。如同它的标题所示，它祈求净光女神保佑，她是佛教预言中掌管未来的女主宰。很可能由于这个原因，它被日本女天皇选中。[1]

有关雕版印刷的起源还有一个不太清楚的问题：1966年在韩国一座寺院的宝塔中，发现了《无垢净光大陀罗尼经》的另一件
65 雕版印刷品。这座塔的建筑年代为751年。当时，日本和高丽人皆使用中国汉字，而高丽版的陀罗尼甚至还遵循一些中国女皇武则天（625—705）创制并在她的治内（690—705）使用的“武周新字”。这些特殊的文字，在武则天逝世后很长的一段时间里仍
67 在沿用，所以对它们的使用，并不意味着此件陀罗尼一定是在武则天统治期间印制的。另一方面，中国文化当时在东亚占统治地位，几乎所有中国的东西都可能被仿制，高丽人又非常有可能也照搬了汉文中的避讳文字。因此武周新字的出现也不一定就说明，

① 见T.H.巴雷特《发明印刷术的女人》，伦敦：耶鲁大学出版社，2008年，第93页（T.H. Barrett, *The Woman Who Discovered Printing*, London, Yale University Press, 2008, p.93）。巴雷特主张，尽管缺乏明显的证据，然而这部经或许可以为则天女皇统治时期的中国印刷术提供证据，这也是中国印刷术的产生年代早于日本和朝鲜的例证。这则短篇陀罗尼全称为 *Rasmivimalavisuddhaprabhadharani*，在《大正新修大藏经》中被编为T1024号。

这些小型的佛像捺印或许也可以看作早期使用木版印刷的形式之一。在敦煌藏经洞（第 17 窟）的藏品中发现了很多像这样重复印制的图像。另外，在敦煌很多洞窟墙壁上饰以大量同样的佛像。其制作的方式：先在纸上按照一尊佛像轮廓的图样戳上若干小孔，然后将这一戳有小孔的模版固定在墙上拟画佛像的位置，再朝小孔喷洒红色的颜料，这时墙上即出现相应的佛像轮廓，然后填涂颜色。这种佛像模版的发明能够快速地重复绘制佛像，从而更快地获得功德。

764 年，日本的称德女天皇命人将印好的 100 万份陀罗尼放入特制的木质小塔中，分发给各个寺院。这些小纸条也许是用金属版印刷的，其印制时间早于本书所说《金刚经》100 多年。然而，这种金属印版的使用以及此种陀罗尼的尺寸相对较小，这使得它们与明白无误是由木版刻印且比它们长出好多米又有插图的《金刚经》相比，是完全不同的两回事。

这件陀罗尼是印自中国的进口货。[1]

看来印刷术最可能是在中国发明的。但无论早期的印刷术源自何处，可以看出不管是在中国、高丽或日本，早期的印刷品都与宗教仪式有关。最主要的，是与佛教的修行相关。佛教强调佛舍利的意义，制作佛像和诵读佛陀的话语都能获得功德，这也肯定为印刷品的出现提供了强大的动力。这种技术在日本佛教寺庙中一直沿用至 14 世纪[2]，而在中国，这种技术很快就为世俗社会所采用。在 880 年前后，也就是在这部《金刚经》印刷后的 10 年左右，柳玭写道："……阅书于重城之东南……又有小学字书，率雕板印纸……"[3]在第 17 窟，和雕版印刷的佛教经典放在一起的，也有一些世俗的印刷品。这些物件包括几份历书，一份纪年为 877 年，另一份没有年代的残片，可能是 9 世纪的，上面称此为帝京东市的制品。这些文书很有意思，因为纵观中国历史，制作历法曾是皇家的一种特权，因此，这些私自印制

① T.H. 巴雷特：《发明印刷术的女人》，第 94 页。

② 彼得·科尔尼基：《书在日本：从开初到十九世纪的文化史》，火奴鲁鲁：夏威夷大学出版社，2001 年，第 122—124 页（Peter Kornicki，*The Book in Japan: A Cultural History from the Beginnings to the Nineteenth Century*，Honolulu，University of Hawaii Press，2001，pp. 122–124）。

③ 亚瑟·伟雷：《木刻发明记》，第 414 页。在斯坦因从第 17 窟携带回的残片中就有非法印的历书，而这其中的有些就来自四川。见杜希德《中古时代的中国的印刷与出版》，第 25 页（Twitchett，*Printing and Publishing*，p. 25）。

译者按：这一段引文出自柳玭（？—894）所撰《柳氏家训序》，全文为："中和三年（883）癸卯夏，銮舆在蜀之三年也，余为中书舍人。旬休，阅书于重城之东南。其书多阴阳杂记、占梦相宅、九宫五纬之流，又有小学字书，率雕板印纸，浸染不可尽晓。"参见《二十四史》点校本，北京：中华书局，1997 年缩印本，第 158 页。

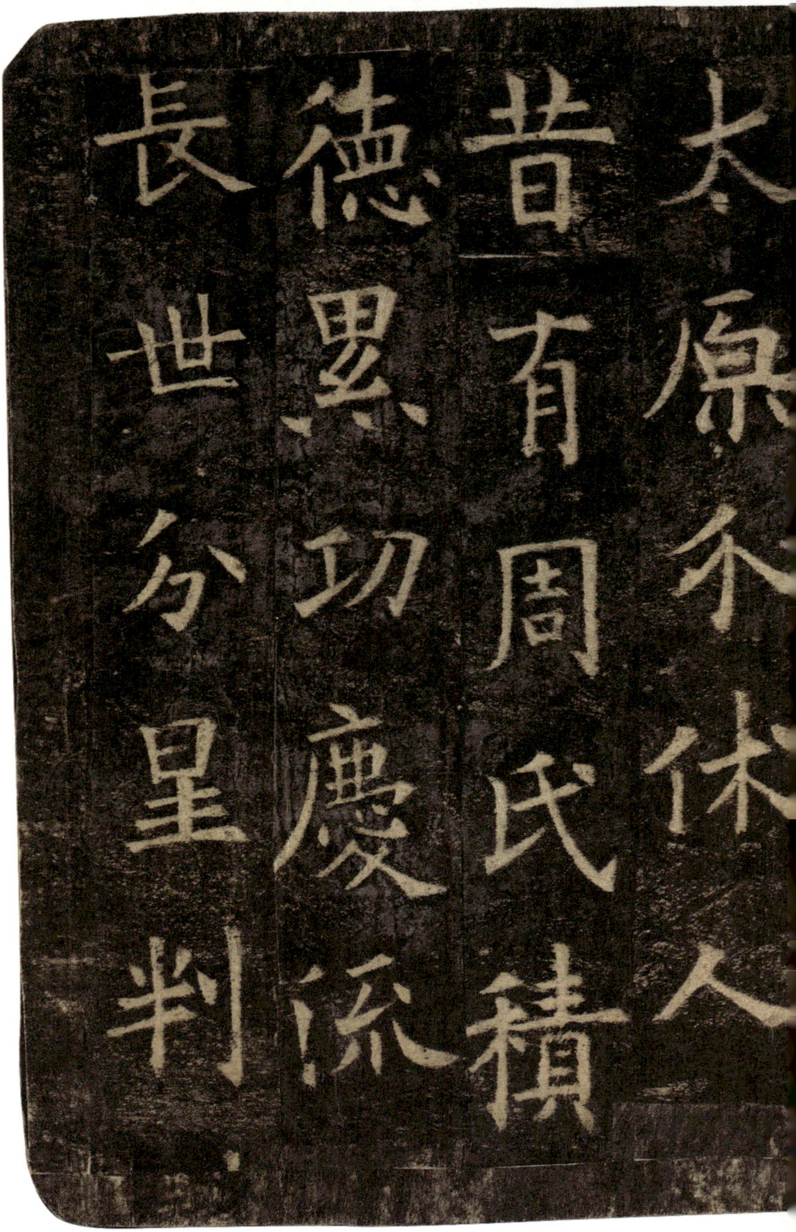

《化度寺邕禅师舍利塔铭》的拓片，由著名学者李百药撰文、皇室书法家欧阳询（557—641）书写。[①] 欧阳询先将碑文书写在纸上，再镌刻于石碑之上。为了给书法学习者们提供摹写的样本，须从刻好的石碑

① 译者按：卒年“641”，原书误作“645”。该拓片为唐拓，出于敦煌藏经洞，现藏英国国家图书馆，编号为斯 05791 号。

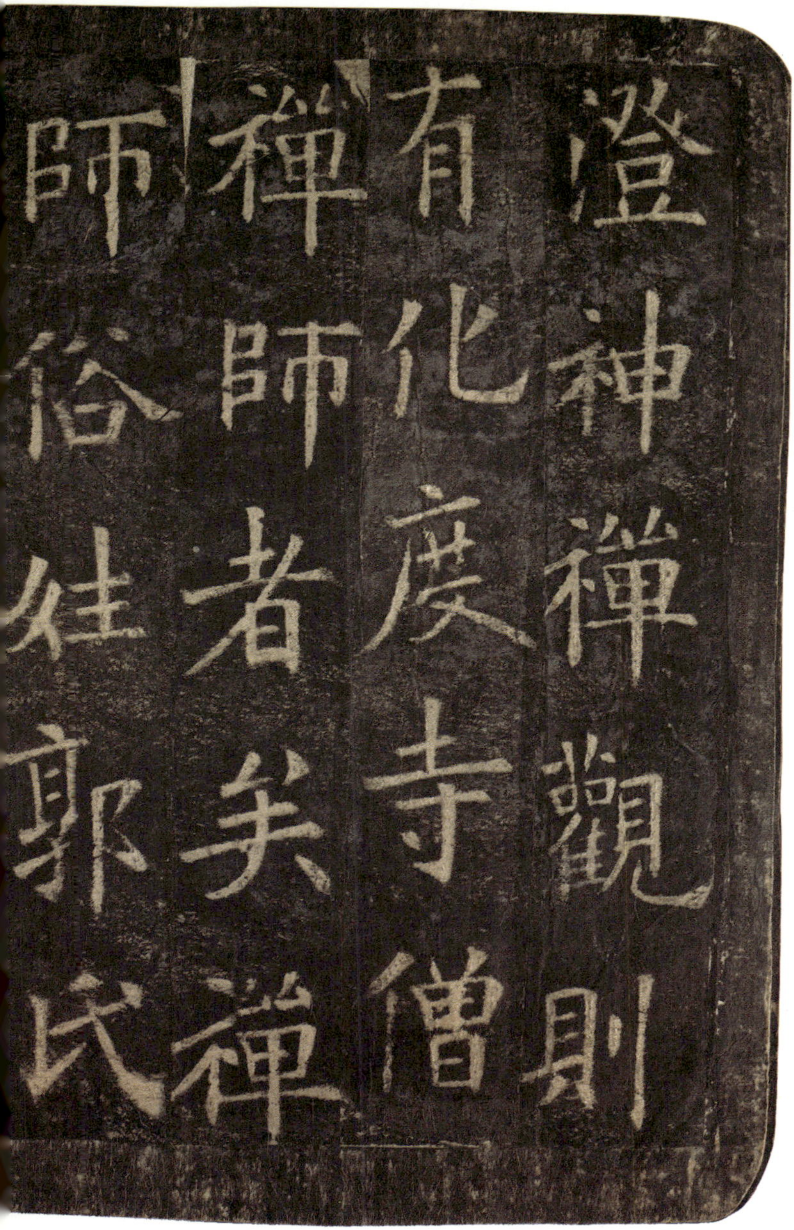

上取得拓本。方法是将宣纸敷于石碑的文字上，用柔软的拓包蘸上墨汁在纸面拍打而显现出图文。为了学习使用方便，拓印下的碑文被分割成若干页，再装帧成像口袋书尺寸的小册子。儒家经典也曾于175—183年根据汉代皇家的命令刻在石碑上。而制作这些具有权威性经典的拓片，也被认为对雕版印刷术的发明是一种启发。

的版本是非法的。[①]

1820 和 1838 年，新教传教士率先公布了雕版印刷的详细过程。米怜（William Milne，1785—1822）和麦都思（William Henry Medhurst，1796—1857）当时都在做一项如何经济有效地印刷和发放汉译《圣经》的调查。米怜描述了如何用稀米糊填充硬木板上的裂隙（比如梨木和枣木）从而使其变得平滑。然后，在木板表面涂上黏性很强的米浆，将写有文字的纸张正面朝下贴在木板上，并不断地拍打摩擦。等纸张干燥后，在受到纸摩擦的木板上就会留下“每个字的清晰印记”。[②] 麦都思描述了雕刻木板的过程。首先，所有留有空间的地方都要刻除。尔后，“工
70 匠先刻所有横向的笔画，然后是所有的斜线笔画，再下一步是竖向的笔画。这样一次把一整行刻下来，免得为了刻每一个字都要把木板转来转去”[③]。

一名木版雕刻工人每天平均能刻 150 个字。而且一旦发生错误，可以轻易而迅速地改正：只需挖出刻错的字，再刻一个

① 英国国家图书馆，手稿 Or. 8210/P.6 和 Or. 8210/P.12。见魏泓《审查官眼皮底下：印刷的皇历与九世纪中国的审查制度》，《英国国家图书馆学报》，第 24 册，1998 年第 1 期，第 4—22 页（Susan Whitfield，“Under the Censor's Eye: Printed Almanacs and Censorship in Ninth-Century China”，*British Library Journal*，vol. 24，no. 1，Spring 1998，pp. 4–22）。

② 米怜：《新教在华传教前十年回顾》，马六甲，1820 年。转引自周绍明《书籍的社会史——中华帝国晚期的书籍与士人文化》（下文简称《书籍的社会史》），香港大学出版社，2006 年，第 17 页（William Milne，*A Retrospect of the First 10 Years of the Protestant Mission to China*，Malacca，1820，quoted in Joseph McDermott，*A Social History of the Chinese Book: Books and Literati Culture in Late Imperial China*，Hong Kong University Press，2006，p. 17）。

③ 麦都思：《中国的现状与传教展望》，伦敦，1838 年。转引自周绍明《书籍的社会史》，2006 年，第 18 页（William Henry Medhurst，*China: Its State and Prospects with Especial Reference to the Spread of the Gospel*，London，1838，quoted in McDermott，*A Social History of the Chinese Book*，2006，p. 18）。

正确的字，将它嵌入合适的位置。[1]进行木版印刷的过程也不复杂。先把木版牢牢固定在桌上，再用毛刷将油墨刷在木版凸出的部分，随后，把一张纸放在涂了墨汁的版面上，用扑子或刷子拍打、摩擦、轻按，然后将纸揭下，晾干。这个过程重复进行。[2]麦都思观察到：两个印刷工用各自的雕版可以每天印 2 000 张纸，这样质量一般的雕版大致每块可印 15 000—30 000 张。而那些木料上乘又精心维护的雕版，每块印刷的纸数有望达到 40 000 张。

从一开始，雕版印刷就轻而易举地将文字与插图组合在一起。这部《金刚经》在卷首处就有一幅扉画。此外，在第 17 窟中还发现有图文优美合一的单张祈祷文。固然也有一些人主张，东亚的雕版印刷术也如纸张的发明一样传播到西方，然而更有可能的是欧洲的印刷术确曾受益于纸张的传播，但它却是独立发展起来的。先行者是 15 世纪中叶来自美因茨（Mainz）的约翰·古登堡（Johannes Gutenberg）倡导的活字印刷，很快就在欧洲取代了此前使用不久的东亚型的简单雕版印刷。活字方式对拼音文字很适合，但对汉字则未必。汉字有成千上万个字，需要大量的单字，这使储存和寻找文字变得极为复杂。正如麦都思观察到的（他记得印刷汉文《圣经》的经验）："木版印刷的长处在于，它适合中国语言的特性……可以采用任何不同的形式和大小的汉字印行。它不需要复杂的机械或者昂贵的装置，一旦雕版刻好，也不需要进一步改正。当然如果需要改，也可

① 一种司空见惯的错误在于，推测刻版时即使有一处错误发生也意味着得扔掉整块的版，而这与实际情况相去甚远。有关此误解见约翰·曼《古登堡革命》，伦敦：评论与通讯出版社，2002 年，第 90 页（John Man, *The Gutenberg Revolution*, London, Review, 2002, p. 90）。

② 钱存训：《纸和印刷》，第 200 页。

一块雕版。图中显示雕版上的汉字均为反的。拓碑时，拓片上面显示的汉字则是正的。制作用于印刷的雕版时，首先要由一位书法家将文字书写在一张好纸上，然后将此纸正面朝下贴在一块纹理细密的木块上，这样刻出来的汉字都是反的，只有印刷之后，文字才是正的。这块木版两面都有雕刻，每面有两页文字，两页中间留有书口，书名在书口的上端。印出来的这页从书口处折叠，两端则用来装订。如果发现有错误，木版雕刻的工人只要简单地剜去一个小方块，然后嵌入替换字即可。在图片的右上角可以看到一个等待填补的方块。

以做到。新的版本可以没有任何麻烦地经常印行……”[1] 虽然西方传教士们出于他们欧洲背景，最终选择了金属活字来印刷书籍，但木版印刷在中国持续使用了1 000多年。甚至到了20世纪，这种方式仍然被用来印刷图画，比如年画。

---

① 麦都思:《中国的现状与传教展望》，第561—562页。

第五章　流　传

74 1907年夏，斯坦因满载着成箱的写本和绘画离开敦煌千佛洞。他先在安西县附近住下。在这里，蒋孝琬开始着手辨认部分写本。这一年的冬天，斯坦因越过重重高山，向北考察嘉峪关的长城。此后，他又掉头西行。1908年夏，斯坦因在和田停留，并在此将他第二次探险得到的物品全部装箱，准备通过印度运往伦敦。1908年7月15日，斯坦因写道："总算全部都装好了箱……写本，连同另外一些写在木简上的文字记录等，共有30箱。蒋孝琬也只不过读完千佛洞文书的三分之一而已。"[1]

这些装着写本的箱子直到1909年1月才运抵英国。它们最先被存放在自然博物馆里，同时斯坦因则忙着为其找个更好的栖身之所。英国国家博物馆为他提供了一个地方，但遭到斯坦因的谴责："地下室……明摆着此前就是个拿来堆放旧报纸的地方"，"光线完全不行"。他不满地说：在这种人工照明条件下工作是一种"无休止"的精神压力。"无论在我做印度官员的生涯里，还是在我探险的过程中，都没有让我在这种可毫不夸张地称之为'地下储物间'的房子里工作过。"斯坦因对此的不满，不仅是担心雇来的助手们的舒适和健康，也是担心那些他约见的欧洲各地川流不息地来访的学者们，"根本不可能让他们在这个狭小的地下室找个地方工作。他们要是完全拒绝在这样一个不适合的地点投入地、认真地工作，也无可指摘。"[2] 斯坦因虽然一直迫切要求改善工作条件，但最终他还是被迫接受了这间半地下室。

工作团队继续进行斯坦因和蒋孝琬在中国开始的编号及分

---

① 博德利图书馆，斯坦因手稿第37号，第128页。

② 英国国家博物馆存档，CE 32/23/23/2。

类。团队的领头人是弗利德·安德鲁斯（Fred Andrews），他是由鲁德亚德·吉普林（Rudyard Kipling）的父亲劳克伍德·吉普林（Lockwood Kipling）在印度时介绍给斯坦因的。安德鲁斯当时是拉合尔马约（Mayo）艺术学校的副校长，他曾给斯坦因发现的物品及古代丝织物拍摄照片，画过立体的速写，给斯坦因的探

斯坦因拍摄的卡达里克（Khadalik）附近的沙丘。从高山隘口到一望无垠的中部平坦沙漠，斯坦因历经了各种各样的地貌类型。他依靠笔、笔记本和相机，将他的旅程一丝不苟地详尽记录下来，并记下了拍照的地点乃至于诸如快门速度等一些技术方面的数据。

险提供了支持。[①] 安德鲁斯受雇于印度事务部（The India Office）。他为 25 000 多件写本及其他的文物编号，并撰写说明文字。那些年轻的助手还包括约翰·波希瓦尔·德鲁普（John Percival Droop）、H.G. 艾弗伦－怀特（H.G. Evelyn–White）、C.L. 伍雷（C.L.
75 Woolley，他后来因为在乌尔［Ur］的发掘工作而闻名）以及 F.M.G. 洛瑞玛尔（F.M.G. Lorimer）小姐，她 1910—1922 年在此工作，洛瑞玛尔以她的高效率被斯坦因及其友人称之为“记录天使”[②]。

斯坦因猜测，无论收藏条件如何不好，欧洲学者都会急切地希望看到他的发现。他的估计没错。而其中最为急切的，莫过于他在敦煌的竞争对手伯希和。伯希和于 1909 年秋从中国返回，随后，法国著名的印度学家埃米尔·塞纳（Emile Senart）致信斯坦因，告诉他伯希和很快会造访伦敦，并希望斯坦因允许他查阅那些写本。但看来伯希和却有意回避斯坦因，这让安德鲁斯有
76 些担心。要想在英国国家博物馆回避斯坦因倒也并非难事，因他素来不喜欢伦敦，所以在英国的时候，大部分时间他都跟朋友们待在牛津。在塞纳得体且有礼貌地致函斯坦因后，伯希和看来并没有直接向斯坦因或安德鲁斯提出要求，而是直接向英国国家博物馆东方图书暨写本部的负责人助理翟林奈提出了想要查阅的要
77 求。斯坦因的这些写本文书在第一次世界大战后才移交给英国国家博物馆，当时尚未移交。所以，从理论上说，当时翟林奈与这些物品还毫无关系，它们仅仅是暂时存放在英国国家博物馆而已。

---

① 简尼特·莫斯基：《奥莱尔·斯坦因爵士：考古探险家》，第 43、340—341 页。

② 汪海岚：《斯坦因的记录天使——F.M.G. 洛瑞玛尔小姐》，《皇家亚洲学会志》系列三，1998 年，第 207—228 页（Helen Wang，“Stein's Recording Angel–Miss F.M.G. Lorimer”，*Journal of the Royal Asiatic Society*，Series 3，1998，pp. 207–228）。

伯希和可能没有意识到其中的差别，而且他很可能更愿意同一个汉学家打交道。这点让安德鲁斯不安。1910 年 4 月 9 日，他致信斯坦因：

斯坦因离开敦煌后，在安西附近拍摄了风蚀的长城。照片显示了长城的一部分，其年代可能与他在此地考察的汉代烽火台相近。此外，照片还显示了在干燥的沙漠地带，这种夯土式的结构能够保持多个世纪。在斯坦因的照片中，经常突出地反映了他的广泛兴趣。

> 今天我听翟林奈说，伯希和下周会来英国国家博物馆，而他（翟林奈）已经挑选出一些汉文写本准备给他看。我很遗憾伯希和会在你返回之前就到达这里。我希望能尽快从你那里得到一封简函，告诉我在总体收藏中有哪些是想给他看的。你很清楚知道我为什么要问你。他自然是迫不及待想尽量多看，但对他而言，这一切待你返回时则更好。①

斯坦因于1910年4月13日回信：

> 说到伯希和，他要来，我事先竟然没有直接得到任何风声，这事看起来可真够怪的。我不认为挑选几种样品就值得他来一趟，除非这是一个短暂而匆忙的访问。当然，既然没有事先的告知，也不能指望你会给他打开更多的文献收藏和安排更多的内容供他查阅……如果伯希和想通览那些没有开过箱且没有经过编目的写本，这当然只有在东方图书部才能做（这里，斯坦因还在文献的所有权和支配权上搅浑水），而且要在他们的管理之下。至于地下室那边就不必让他去了。这既非必要，下面也没有足够的空间。②

斯坦因对伯希和那份戒心，根植于当时伯希和认为斯坦因为了赢得敦煌的竞争而背叛了他。但随着对伯希和专业知识与工作速度的认可，斯坦因的这种顾虑也就逐渐消除了。斯坦因一直很希望有专家正确地为他收集的写本编目，以便他在自己将要出版

---

① 博德利图书馆，斯坦因手稿：38/23。

② 博德利图书馆，斯坦因手稿：38/26。

的考古报告中对有关藏品进行解说（在报告中他很注意地提及他人的贡献）。在他的第二次探险之后，他也急于挑选出最好的文献和绘画呈送给英国国家博物馆所筹划的1914年的展览。此时他也知道，要想从他由敦煌带回的遗书中挑选出最有价值的部分，
伯希和是最佳的人选。这不仅因为伯希和是汉学家，还因为伯希 78
和也带回不少敦煌文书。这些文书存到法国国家图书馆后，伯希和就一直着力进行研究。

伯希和挑选出一些有纪年的写本和文献，并附上描述性的文字，以便斯坦因第二次探险的详细报告《西域考古图记》（时至1921年才出版）所用。此外，伯希和还为1914年的展览挑选了展品，并于1910年秋主动提出为斯坦因从敦煌带回的中国写经编制目录。[①]1911年1月，两个没有加衬里的盒子装着敦煌遗书，用快件送达给当时在巴黎的伯希和。那年月，用到垫了道护衬的盒子就意味着要小心谨慎了（这些遗书直到1919年才归还英国）。[②] 在1913年，伯希和坦承：由于工作的重负，他不可能完成此项编目工作了。不过，斯坦因也从伯希和那里得到了他所希望得到的：伯希和为他的展览和出版物做鉴定并提供了最有价值的遗书。

显而易见，伯希和首先注意到这部《金刚经》的真正价值，是作为世界上有最早纪年的印刷书。虽然早在1908年7月11日，斯坦因就已在和田对它做过笔记，但他并没有对这部有着不同寻常价值的书做更进一步的研究和关注。斯坦因对此的记录是："从Ciii包中抽出印刷精美的汉文卷轴，年代为860年。"《金刚经》

① 英国国家博物馆档案：CE 32/23/35/2。

② 英国国家图书馆，Or. 13114：与伯希和先生通信。

的完整编号为 Ch.Ciii.0014。“Ch.”指它来自千佛洞，“Ciii.”指它原来包在编号为 Ciii 的一包中，“14”指它是该包所包卷轴的第 14 个，那个 00 则表示是在 1909 年以后在伦敦所记录的完整编号。在《西域考古图记》中，斯坦因写道：“当我为物品编号时，仅仅编了发现地点，后续的号码是在英国国家博物馆开箱时又加上去的，前边是两个零。”① 由此可见，斯坦因始终未曾意识到这件遗书的真正意义，即这件物品是早期的印刷品。而且他还屡次把它的年代弄错。这部《金刚经》不但在他的笔记上，还在他第一本有关探险的畅销书《华夏大漠废墟记》里被错误地分类。然而，在 1914 年展览的目录上，印制的年代是正确的。几乎可以肯定，这应该归功于斯坦因的老对手伯希和可靠的鉴定。②

---

① 博德利图书馆，斯坦因手稿第 205 号，第 551 页以及斯坦因著《西域考古图记》，第 15 页，脚注 16。

②《奥莱尔·斯坦因爵士中国新疆收集绘画、手稿及其他考古物品展指南》，伦敦：英国国家博物馆，1914 年，第 57 页（*Guide to an Exibition of Paintings, Manuscripts and Other Archaeological Objects Collected by Sir Aurel Stein KCIE in Chinese Turkestan*, London, British Museum, 1914, p. 57）。

译者按：斯坦因的爵士称谓来自他所获得的二等印度帝国勋章，全称为“Knights Commander of the Order of the Indian Empire”，简称“KCIE”。1878 年，英国维多利亚女王设立并颁发印度帝国勋章（The Most Eminent Order of the Indian Empire）。1947 年印巴分治，这种勋章随之停止颁发。这种勋章共设三级，依次作爵级大司令勋章（GCIE）、爵级司令勋章（KCIE）、三等勋章（CIE）。见维基百科下“Order of the Indian Empire”词条。

斯坦因不仅对他所穿越的地域做了详细调查，返回印度时，他又将这些内容精心地制成完整的地图。此外，他还拍摄了成百上千张的照片，并在现场冲印珂罗版。但珂罗版在处理中也会出些差错。这幅从西边拍摄的米兰遗址的照片，画面左边有一块黑斑就是例证。

第六章　修　复

82 斯坦因当时最为关注的，是要让最好的语言学专家来研究他的中亚发现，以确定这些东西的内容和价值。因而他对这些遗书的保存和修复，或多或少地不是很在意，这也是他所处的那个时代的一个特征。在他那个时代，邮政服务既快捷又可靠。所以，他经常把一些珍贵的遗书寄给欧洲各地的学者，以便他们空闲时可进行研究。1907 年，在牛津的鲁道夫 · 霍恩雷收到过一包遗书的残片，乃英国驻喀什领事马继业寄给西姆拉考古总部（Office of the Director General of Archaeology in Simla,18711958）的伏戈尔（J. Ph. Vogel,1871—1958）[1]，然后伏戈尔又寄给了霍恩雷。斯坦因也曾在 1911 年亲自把 200 多种敦煌遗书寄给巴黎的伯希和。这些遗书，承蒙通济隆公司（Thomas Cook and Sons）邮寄，寄送时所用的盒子没有里衬。

用邮寄的方式来寄送珍贵的古籍文献，这在今天看来简直是匪夷所思，因为古籍文献的收藏和保护乃博物馆与图书馆工作的重中之重。这部《金刚经》的修复历史，也反映了自其抵达伦敦的 1909 年以来的 100 年中，英国国家博物馆与英国国家图书馆对古籍文献保护态度的不断变化。

查看该《金刚经》早期的照片，很明显，早在 1 000 多年前被藏入第 17 窟之前，它就已经破损，而且在它的背面已经粘有裱补纸。现存最早的照片，是收在斯坦因 1912 年的著作《华夏大漠废墟记》中的那张（图 1）[2]。这张图片显示，扉画上有一道延伸穿过整个页面的严重水渍，左面卷起来的部分显示背面有两大块裱补纸。历经 10 多年后，斯坦因终于出版了《西域考古图记》

① 译者按：让 · 菲利普 · 伏戈尔，荷兰梵文学家和考古学家。他曾在阿姆斯特丹师从伦贝克教授（C.C. Uhlenbeck）学习梵文。见维基百科 https://en.wikipedia.org/wiki/J._Ph._Vogel。

② 译者按：原图标号 191，见书后“图片来源”。

（其间干扰出版的原因之一是第一次世界大战）。在这本书的附图上，那些水渍和补丁都不太明显。遗憾的是，从 1909 年到 1960 年没有留下有关修复《金刚经》的任何记录。所以现在只能通过观察它的旧照片、察看《金刚经》的原件来推测它的修复过程。

1914 年，作为斯坦因的考古新发现，《金刚经》第一次在英国国家博物馆被展出。看来为了筹备这次展览，对它做过一些修复。为了避免经卷遭受更多的损伤，也可能为了使它更为平整，经卷背面原来的裱补纸很可能被揭下来。这些早期的裱补纸粘贴在破损处，而尤以沿卷轴中段的部位为多。中式卷轴为了存放方便，要将其卷起来，并用一条飘带（它被固定于卷轴右端的天竿上）缠绕卷轴并将其扎紧。所以，沿着卷轴中段的部位，因飘带摩擦或捆扎过紧而造成破损就十分常见。唐代对于写本和文书的裱补有时并不很理想。裱补用的纸张时常与原纸有很大的差异，不少较原纸更为厚重或粗糙。此外，有时还会随意地使用糨糊甚至其他黏合剂，这样往往会进一步对已经脆弱的卷子造成更大的破坏。现在我们一般会设法保留卷轴被发现时的状态，并尽量保 84
留原来的裱补纸，以尽可能地保留卷轴的历史原貌。而这种方式在早期尚未被认识。当时很可能采取的方法是，将那些古代的不适当裱补视为一种破坏，从而对其进行揭除。

在《西域考古图记》中，《金刚经》照片上的那道水渍已不十分显眼。看来人们曾为清除这条水渍做过努力。可能是采用水洗，即将卷轴浸泡在热水中，或者更为严重的是用漂白剂。中国的佛教典籍，无论是手写本或印刷品，通常都用黄颜料染过。而上述两种修复方法，都会给黄色染料带来有害的后果。这种染料是从黄檗树皮中提取，给纸染上黄色。这种颜色与佛教有联系，有很多僧人的袍子就染成这种颜色。不仅如此，它还有强烈的杀

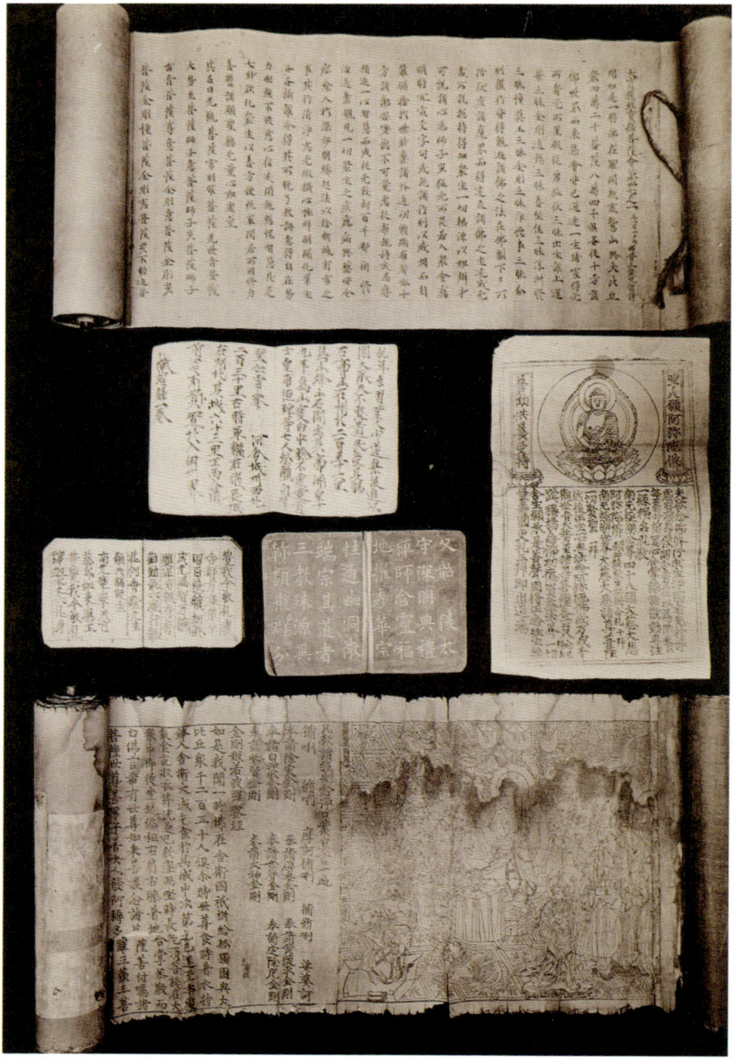

图 1　1912 年的这张照片展现出这些藏品刚被运到英国时的状况，它们很可能是由伯希和挑选的。伯希和作为一名汉学家，对这些藏品的鉴别要强于斯坦因。图的下方即为这部《金刚经》。图片上可以很清楚地看到横贯扉画的一道水渍以及左边背后的早期裱补，同时左侧的原装木轴也清晰可见。图上方有一张单页祈祷印刷品，此类祈祷印刷品在敦煌发现得较多。这些印刷品的年代都比《金刚经》要迟，很可能是 10 世纪时产自当地。但它们上面的插图使斯坦因的欧洲观众对这些印刷品很感兴趣。最上方的卷轴是黑白照片，实际上是完整的《大宝积经》抄本，它的纸张被精美地染作黄色，并以蓝色飘带捆扎。

虫效果，可以用来保护古籍不被虫蛀。这种颜色看上去很深，但很容易在水里稀释。《金刚经》卷轴的前部分看上去很可能是被水洗或漂白过，使原来的黄色褪色不少。[①]

这张再版于《西域考古图记》的《金刚经》照片摄于何时，我们现在不得而知，但可以肯定是在1921年之前，或许还可能早至1914年。上面有古代裱补纸的痕迹，同时也还没有进行托裱。托裱是一个难以解决的问题。所有在第17号洞窟中发现的敦煌遗书，无论是写本还是刊本，初被发现时都没有托裱。因为它们原本都是“书”和文件，传统上不会进行托裱。然而一旦这些古代遗书离开其固有的历史语境，被作为珍贵的古代文物看待，人们往往会对其进行一系列托裱的作业。在日本这种情况尤其普遍。具体来说，其作法包括对其背面进行衬托，并在上下加以精致的丝绸溜边。这种作法一般用于绘画。东亚的绘画经常被装裱起来并配以丝绸溜边。同样的方法也被推而广之，用于有价值的古代写本。例如日本所存的称德女天皇所刊印的《陀罗尼经》便经过了这样的处理。到20世纪70年代中期，当时英国国家图书馆的馆长以及修复人员，已就敦煌遗书的最佳保存方式达成一致的认识：只要有可能，尽量不要触动原来的形态。而日本的代表团依然对这种保护敦煌遗书的措施提出批评，认为这些遗书应当被恭敬地装裱起来。不过，时至今日，英国国家图书馆的负责人和修

① 肯尼思·瑟顿、彼得·吉布斯：《敦煌〈金刚经〉：对科学性保护技术的一种挑战性难题》，收入魏泓、吴芳思《敦煌与吐鲁番：来自中亚的古代文献之内容与保护》（下文简称《敦煌与吐鲁番》），伦敦：英国国家图书馆，1996年，第59—69页（Ken Seddon and Peter Gibbs, “The Dunhuang Diamond Sutra: A Challenging Problem for Scientific Conservation Techniques”, in Susan Whitfield and Frances Wood, *Dunhuang and Turfan: Contents and Conservation of Ancient Documents from Central Asia*, London, British Library, 1996, pp. 59–69）。

复人员仍旧秉持同样的共识：敦煌遗书应当被视作一种古籍文献收藏，而非绘画，保存它们的方式就是要尽可能地保存其原有的样式与形态。

然而，在20世纪初的几十年中，托裱此部《金刚经》的决定，亦曾出现在英国国家博物馆。这个决定的出发点，可能基于这件卷轴出现了酥、脆等情况，而这种情况，在古代的裱补纸被揭除后，又显得更加严重。由于在揭除古代裱补纸的同时，也造成原纸背后的表层被揭去，从而使原纸更加单薄。而用水洗除水渍的办法，也可能影响到纸张的质地。对敦煌遗书的修复，还包括曾用较粗硬的马尼拉纸托裱脆弱的卷轴[①]，或将残片粘贴到深棕色的
85 糖袋纸[②]上。敦煌遗书在英国国家博物馆的时候，绝大多数文书的修复都是由博物馆的装裱处进行，而这里的修复人员，更熟悉欧洲的纸张以及欧洲书籍的装帧形式。这部《金刚经》可能因卷首精美的扉画而被单独挑出来，当作"艺术品"而不是纯书籍对待，因而对它的修复方法看起来与其他敦煌遗书有所不同。可能在拍过《西域考古图记》中那张照片后不久，这一件《金刚经》卷轴被修复人员用优质的日本宣纸加以托裱。[③]

对《金刚经》的托裱看上去十分仔细、小心，对托裱纸应该也曾精心选择。这次托裱很可能出自一位日本装裱专家之手，此

① 译者按：马尼拉纸，也称蕉麻纸（Manila paper），最初是从菲律宾当地产的马尼拉麻叶纤维中取得，并因此得名。这种纸制作工艺简便，价格不高，印刷效果亦好，因而被广泛地运用于诸如文件夹、儿童纸艺等的制作。

② 译者按：糖袋纸也称绘画纸或彩色美术纸，是一种结实、粗糙和染色的纸张。

③ 马克·伯纳德、吴芳思：《伦敦藏敦煌写本修复简史》，收入魏泓、乌尔苏拉·辛姆斯-威廉姆斯：《丝路：商贸、旅行、战争与信仰》，第97—104页（Mark Barnard and Frances Wood, "A Short History of the Conservation of the Dunhuang Manuscripts in London", in Susan Whitfield and Ursula Sims-Williams, *The Silk Road: Trade, Travel, War and Faith*, London, British Library, 2004, pp. 97-104）。

人曾供职于英国国家博物馆，是劳伦斯·宾雍（Laurence Binyon，1869—1943）的手下。宾雍自己是个诗人，他最著名的一首诗篇作于第一次世界大战时：

他们不会像我们一般变老，
而我们留下来，慢慢老去；
时光不能吞噬他们，
岁月亦不能与之为敌。
每当日落与清晨，
我们都想念着他们。[1]

宾雍曾担任英国国家博物馆印刷和绘画部的助理保管，他管辖的东方印刷和绘画部创立于1909年，同年斯坦因第二次探险的发现物运抵伦敦。虽然宾雍也撰写过关于中国艺术方面的文章，但他这方面的素养却大多来自日本，出自日本友人和顾问，或日本的艺术杂志《国华》（*Kokka*）以及东亚绘画的藏品。这些以日本艺术为基础积累起来的知识随着他的履任而成为英国国家博物馆的一部分。所以，他请一位日本装裱师来进行这项工作也顺理成章。

① 译者按：引文出自劳伦斯·宾雍的名诗《献给死难者》（*For the Fallen*）。1914年9月间，这首缅怀一战阵亡将士的诗刊登于《泰晤士报》。一战结束后，这首诗被镌刻在战争纪念碑上，在英国各地广为流传。时至今日，它已成为英美国家缅怀为国捐躯士兵的最著名的挽诗。书中引用该诗第一节，也是最著名的一节。

对于《金刚经》的首次装裱，很可能由宾雍负责监督进行。[①]

1919年，《金刚经》连同其他那些斯坦因第二次探险及1913—1916年第三次探险得来的敦煌遗书被移交给英国国家博物馆，翟林奈受命负责这批藏品。由此，他开始将它们一件一件地分类、查验和编目。即便从体力上讲，这也不是一件轻巧的工作。因为要把每个卷轴打开看过再卷起来，而这些卷轴的长度一定已经达到了10—20英里长。[②]翟林奈在描述他不断地展开又卷起卷轴的情景时，指出保存中最大的问题就是每当把卷子展开与收起的时候，无论怎样小心谨慎，都难免会造成卷子的不平整。尤其是那些曾被托裱过的卷子，有时还会造成卷得不正或产生裂纹。虽然翟林奈自己也承认他常会把卷轴不断地打开再卷起，但他似乎并不欢迎访客来做同样的事情。王重民和向达是两位来自中国国家图书馆的杰出专家，1936—1937年他们在伦敦期间，对翟林奈的接待非常不满。在整整一年的时间里，翟林奈只让向达看了496件卷子（总数约为6 980件）[③]，

① 约翰·哈彻：《劳伦斯·宾雍：诗人、东方与西方的学者》，牛津：克莱兰顿出版社，1995年，第166页（John Hatcher, *Laurence Binyon: Poet, Scholar of East and West*, Oxford, Clarendon Press, 1995, p. 166）。有关宾雍技高一筹地在英国国家博物馆和新德里之间操控画卷和写本份额（从一战渔利）一事，见吴芳思《敦煌两千年》，收入魏泓、吴芳思《敦煌与吐鲁番》，第3—4页（Frances Wood, "Two Thousand Years at Dunhuang", in Whitfield and Wood, *Dunhuang and Turfan*, pp. 3–4）。

② 翟林奈：《敦煌六世纪——英国国家博物馆藏斯坦因收集的汉文写本简记》，第6页。（译者按：根据最新统计，英国国家图书馆藏汉文敦煌遗书合计总长度约为24千米。）

③ 译者按：当时已经整理编目6 980号。现知英国国家图书馆收藏的汉文敦煌遗书总数约14 000号。

图 2 艾伯瑞斯特韦斯的威尔士国家图书馆。斯坦因从中国带回的文物和敦煌遗书，包括《金刚经》，二战期间就保存在这里。在远山的映衬下，这座庄严的浅色石头建筑看上去就是一处惹人注意的目标。

说这是为了避免卷子被大量地展开与收起。[①]

在第二次世界大战期间，为了安全起见，这部《金刚经》被 86
转移到了位于艾伯瑞斯特韦斯（Aberystwyth）的威尔士国家图书馆（The National Library of Wales）（图 2）。很难讲它具体是在什么时间被转移到那里的。1939 年 8 月 24 日，第一批 171 箱（装

① 王重民：《〈敦煌遗书总目录索引〉后记》，北京：商务印书馆，1962 年版，第 544 页。翟林奈长期亲近这批藏品，而他本人却拒绝让到访的中国学人正当地查阅。有鉴于此，王重民对退休后的翟林奈 1956 年出版的写本编目旁敲侧击。见吴芳思《敦煌两千年》一文，收入魏泓、吴芳思《敦煌与吐鲁番》，第 5—6 页。

有 6 000 本书以及手稿）从英国国家博物馆的东方图书暨写本部被运至那里。另一次大规模的转运在 1941 年 5 月，是英国国家博物馆遭到几十枚燃烧弹投落之后。这一次将“余下的所有东方文书”计 20 000 多件全部转运撤出。几乎可以肯定的是，这部《金刚经》位于第一批转移之列。因为翟林奈 1941 年 10 月在对伦敦的中国学会演讲时，简单回顾了英国国家博物馆所藏斯坦因收集的中国写本的历史，并提到自己为此所编的目录。虽然该目录尚未刊印，“但已经在几年前全部完成，那正是那些遗书为了安全起见从博物馆转移之前”[1]。

尽管这些写本被包裹起来封存在威尔士，且由于战争，无法对它们进行修复，但很显然，除了战争期间之外，从 1920—1960 年这数十年间，为了修复这部《金刚经》出现的褶皱和裂痕，修复人员在它的背后进行了一次又一次的通卷托裱。自然，无可争辩的是，这种托裱只能使这一《金刚经》的状态更加恶化。关于修复该《金刚经》的这些来龙去脉，是由修复人员讲述的。

87 随着 1972 年英国国家图书馆（前身为英国国家博物馆图书馆）的奠基及东方文献暨印刷书部（OMPB）的创立，一个新的部门成立了，这就是修复工作室。它的目的是发挥亚洲藏品修复工作所需要的特殊的、专门的技能。而斯坦因的收藏则被单独列出，作为修复的一个专项。

如上文所述，在过去的 60 年间，这批藏品中的许多中国卷轴一直被人们用西方的手法来对待。修补的材料，也来自英国国家博物馆装帧人员长期沿用的修复西方书籍的材料。但用这些方法虽然可以成功地修复西方制式的书籍，其他形式的“书”却往

---

① P.R. 哈瑞斯:《英国国家博物馆图书馆史（1753—1973）》，第 552—553 页，以及翟林奈《敦煌六世纪——英国国家博物馆藏斯坦因收集的汉文写本简记》，第 6 页。

往遭遇到不那么好的结局，这在当时是难以避免的。那时，正到了对亚洲文献的修复方法做重新评估的时候了。这就要从东亚学得修复古籍文献的传统技术，如果可能，还要从东方获取更适合的修复材料。

在 1974、1975 与 1979 年，先后有三批学习小组被派往中国参访。第一批由新的修复工作室负责人彼得·罗森（Peter Lawson）带领，同去的还有英国国家博物馆的一些其他代表以及维多利亚和阿尔伯特博物馆[1]的人员，他们主要从事文化方面的访问。第二批由霍华德·尼尔森（Howard Nelson）带队，他是中 88
国收藏品部的部长助理，特别注意考察中国卷轴的修复方法和各种保存的方式。第三批仍由彼得·罗森带队，他还负责购买伦敦工作室所需要的各种修复材料。

幸运的是，修复工作室很快就筹集到更多的款项，可以多雇两个修复人员。这样就可以扩大工作室，并让新近扩充的工作团队将在中国学到的知识付诸实践。一开始这些新技术和新材料就被用于斯坦因藏品中的纸质文书残片上。修复组尝试将 10 件残片作为一组，托裱成一个卷轴（图 3）。接下来，修复组把注意力集中到这部《金刚经》上。该卷轴因被反复托裱，多层托裱纸相互叠加，所以呈现出明显的纵向褶皱，还形成隆起，看上去即将裂开（图 4）。

对此，修复组决定：揭下原来修复时贴在褶皱背部的那些托裱纸，用中国宣纸再重新对其进行托裱（图 6a 和图 6b）。

上述修复《金刚经》的方法，在逻辑上似乎也顺理成章，因为它遵循了创建已久、技艺精湛的东亚卷轴的装裱传统，且采用

① 译者按：维多利亚和阿尔伯特博物馆（简称 V&A）1852 年在伦敦落成。这座博物馆以维多利亚女王及其丈夫阿尔伯特亲王的名字命名，是世界上最大的装饰艺术与设计博物馆。

图 3　中式修复之一。首批将 10 张文书残片托裱在一个手卷上，这是其中一件，卷尾配有山毛榉木轴，上下端做得稍大，用以保护卷轴的上端和底部。

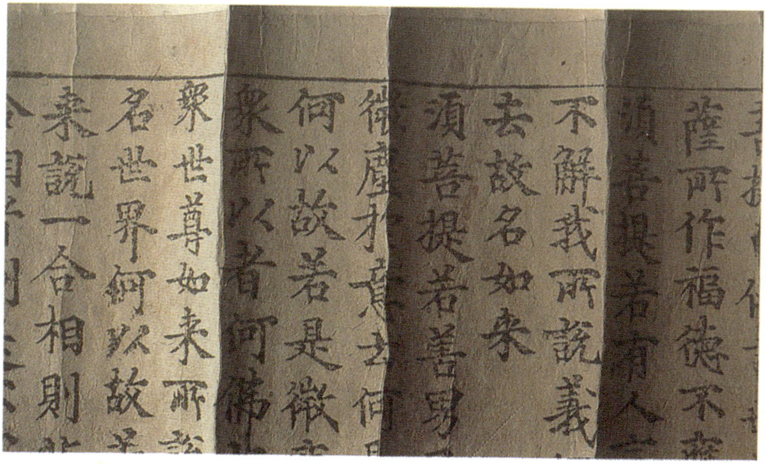

图 4　卷轴中出现纵向的褶痕。经过多次使用，卷轴的破损部分会使纸张强度减弱，结果很可能造成纵向开裂。

该传统为修复卷轴类文物而研究出来的各种手工造纸及其他的材料。这种方法过去看虽然是诱人的，可斯坦因带回的手写卷轴——当前，它们被西方接受为可供阅读和研究用的“文献”，而不仅仅是用于陈列的“展品”——其功用一定会有别于那些传统装裱、悬挂起来供人欣赏的卷轴。很快，新问题就出现了：对 89
《金刚经》的新裱补并未起到加固卷面的作用，反而造成了诸多的问题，尤其是在将经卷展开与卷起的时候，又产生了新的断裂。显然，这对经卷的长期保存，包括对其他的敦煌卷轴的保护，都不是理想的结果（图 5）。

整个 20 世纪 80 年代，在管理部门和同仁的鼎力支持下，修复工作者在对《金刚经》扉画修复时，摸索出一套以最小的干预为原则的方针和方法，与（西方）版画与绘画部所使用的修复原则相仿，即仅对卷子缺失和脆弱的部分做必要的局部裱补。在修

图 5 本图显示扉画上那些深深的波状褶纹，其成因一定程度上是由于所用的裱补纸和黏合剂二者不同的膨胀和收缩率所致。

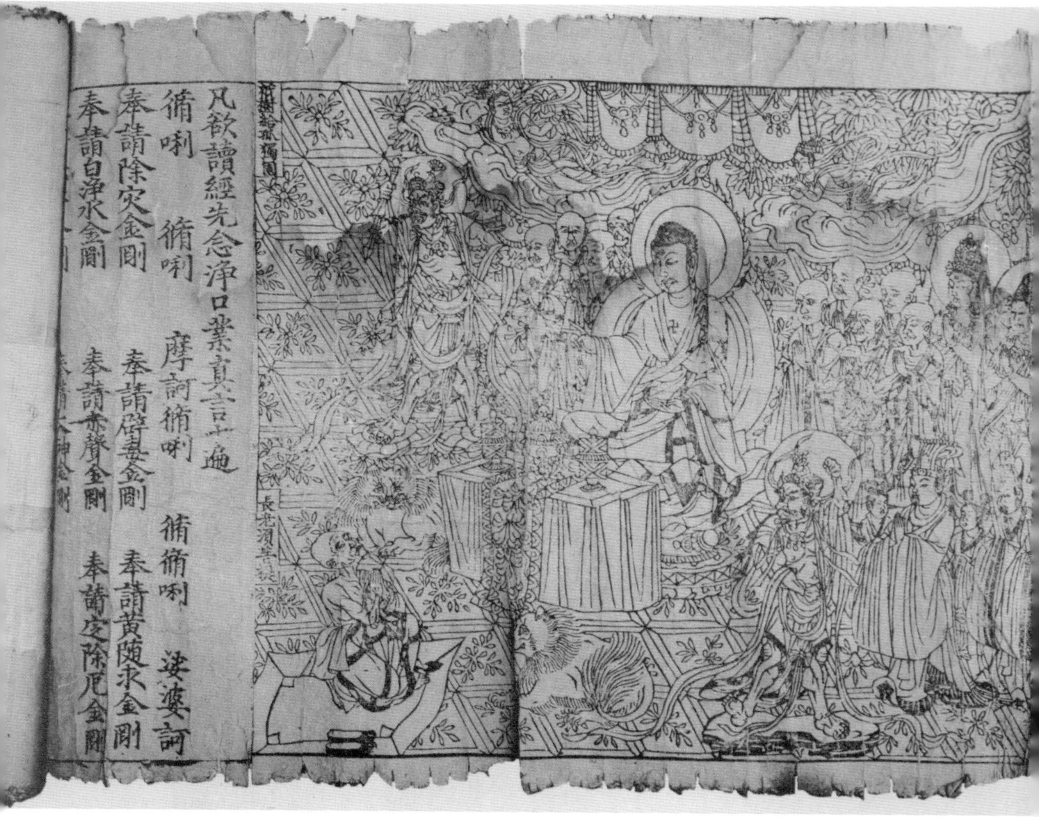

图 6a 《西域考古图记》刊出的《金刚经》图片中，卷首插图上的水渍比《华夏大漠废墟记》图 1 中的水渍要轻微。木轴好像已经被拿掉，而卷轴背面的裱补看起来更加整齐。这说明卷子在那时已进行了一些修复，而且尚未托裱。

图 6b　这幅图片摄于 1978 年。可看出它用白色的中国宣纸进行了托裱，但也还有 20 世纪 50 年代的马尼拉纸镶边。从表面看经卷是平整的，但掩盖了卷轴内部绷紧的情况。

复中，采用最好的日本或中国的纸张、工具和技术，在卷面状况尚可的情况下，不对全卷进行托裱。这种结合了西方修复原则与东方材料、技术的方法被证明非常适用于那些仍然保持着其原初未经托裱状态的卷轴。但对于自20世纪20年代以来已经被通卷托裱的成百个卷轴而言，则并非完全适用。对《金刚经》的修复，就是最好的实例。

1987年，修复工作室制定了一项长期计划。它有两大目标：第一，了解横贯卷轴首页的水渍以及纸张颜色淡化的原因。这包括考察其酸碱度（即验出纸张的酸度——酸性的程度是纸张变质的决定因素之一）、纸张中纤维的构成以及用现在合成的样品做
92 其他的检测。[①] 第二，旨在尽可能地恢复该《金刚经》的“原始”状态。这样的修复工作，包括“揭去”它多达5层的托裱纸；去除以前在增加托裱纸的过程中层层加厚而累积下来的胶水和糨糊残留物，这是难度最大的工作。还有最重要的是，要重新校准扉画。

1990年修复组与执教于萨塞克斯大学（University of Sussex），后来在贝尔法斯特女王大学（The Queen's University of Belfast）的无机化学教授肯尼思·瑟顿（Kenneth Seddon）取得联系，以探求敦煌卷子常用的黄色染色剂——黄檗的化学成分，并且希望能够由此研发出一种溶剂，从而使除去胶黏物工作不致损伤纸张

① 松冈久美子：《〈金刚经〉首页插图调查性研究》，收入魏泓、吴芳思《敦煌与吐鲁番》，第20—26页（Kumiko Matsuoka, “An Investigative Study of the Frontispiece of the Diamond Sutra”, in Whitfield and Wood, *Dunhuang and Turfan*, pp. 20–26）。另见桑迪·雷恩《褪色之外》，此文系“保护科学研究计划”论文，与英国国家图书馆合作提交德蒙福特大学，1999年（Sandy Ryan, “Beyond the Pale”, Conservation Science Research Project Thesis for De Montfort University with the British Library, 1999）。此篇论文涵盖漂白剂的历史、应用与辨识，以及用于现代修复的漂白剂残余物，后者属新式漂白剂却拥有与敦煌发现物在品质上相似的样本。

原有的染色。[①]

在做这些研究的同时，另一项试验也在馆内进行，目的是用各种手段把卷背的托裱纸和胶黏物取下。它包括使用超声波雾湿到较高温度后产生的过热蒸汽。[②] 修复组从这个综合试验中取得了经验，使工作人员能够从另外两个类似的印刷卷轴背后小心翼翼地揭下了裱补纸和胶黏物（图 7）。这样一来，也就为 2003 年开始的修复《金刚经》工作铺平了道路。

第一阶段是将 1950 年前后就存在的那些老旧边角的裱补纸揭下来，包括在上、下边缘处裱糊的那些过于厚重而颜色又很难看的马尼拉纸，以及裱补在卷子一侧的那些轻而单薄的中国宣纸（图 8）。揭下这些裱补纸十分困难，因为经卷用黄檗染过颜色，这种染色不仅对光亮敏感，亦溶于水。为此，要用可控水量的器具把水和酒精混合的液体直接涂在纸边，它能将边 93
角的粘贴纸慢慢分开（图 9）。总共有 11 米长的卷轴边缘的裱补纸就是用这种办法揭下来的。在这段长达 6 个月之久的时间里，探索性的试验同时也在裱补纸上进行：当若干层裱补纸的第一层被揭取下来时，过去隐藏起来的多个纵向裂纹就显露出来（图 10）。

另外，还进行了一些无损伤性的分析检测，例如测量纸张的

---

① 彼得·吉布斯:《保护敦煌本〈金刚经〉》，萨塞克斯大学理学学士论文，1992 年；彼得·吉布斯:《十世纪以前的中国纸：科学性保护技术研究》，贝尔法斯特女王大学博士论文，1995 年（Peter Gibbs，“Conserving the Dunhuang Diamond Sutra”，BSc thesis，University of Sussex，1992；Peter Gibbs，“Pre-10th century Chinese Paper: A Study in Scientific Conservation Techniques”，PhD thesis，The Queen’s University of Belfast，1995）。

② 译者按：过热蒸汽（super-heated steam）指温度高于水的沸点的蒸汽。饱和蒸汽在常压下加热时，温度持续升高，当温度超过了饱和温度时，被称作过热蒸汽。见《维基百科》下相关词条。

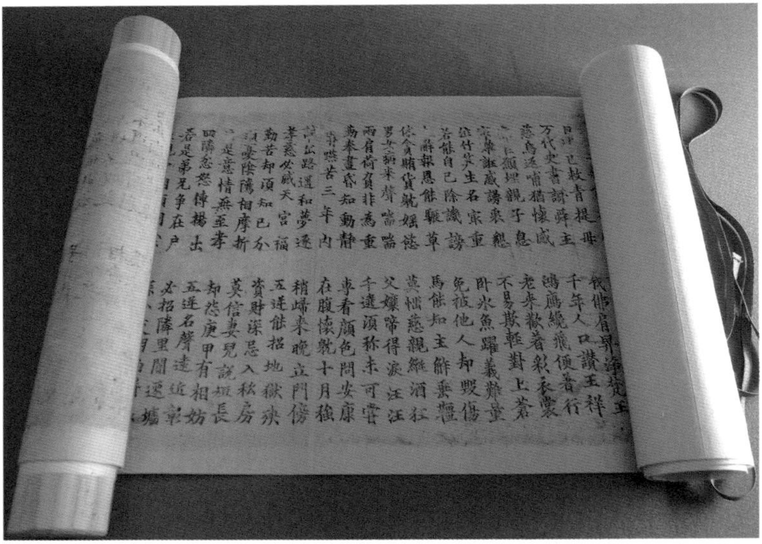

图 7　根据修复的需要，这个卷子目前选配的是一个直径更大的轴。这比起以前直径小的轴，使卷子不容易被卷得过紧而造成褶皱。

厚度，纸张表面酸碱度的取点测验，观察裱补纸里纤维的分布状态，以及用偏光显微镜检测黏合剂。试验显示的结果之一，令人惊讶地知道在扉画部分，竟然有 5 层裱补纸！这就解释了为什么它会这么硬（图 11）。

94 第一阶段的成功，使得中国组的负责人与英国国家图书馆修复部的负责人能够制定一套完整的修复计划。他们决定把经卷所有的裱补纸全部揭掉，并且将纸张由原来的黏结处一一揭开，将经卷拆分为由原纸张自然形成的几个组成部分。这后一步工作是必要的，主要是因为发现卷轴以前就曾经被拆分为几段，然后又并不很精准地被拼接在一起。

修复工作的第二阶段自 2006 年 6 月开始。第一步，是让可

图 8　两种反差很大的不同类型的纸张被粘合在一起后，它们质地不同、颜色不同，看起来毫无美感可言，而且对这部经卷的展示在视觉上也产生了不好的作用。另外，用马尼拉纸做经卷的镶边，它不同的膨胀系数和收缩率更加剧了经卷的变形。

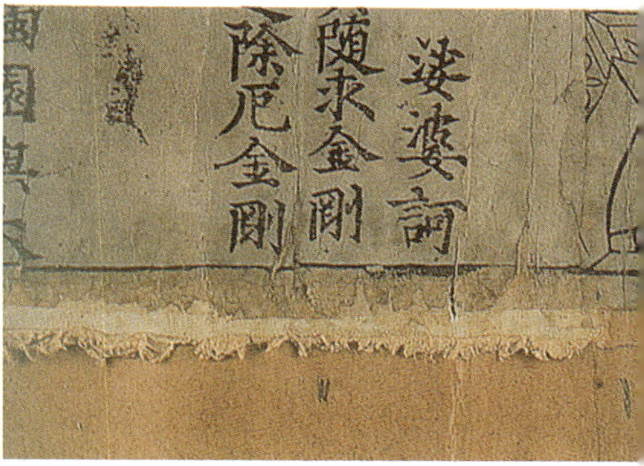

图 9　首先，将纸小心地打薄，以便潮气可以透过（外面一层是相当防水的），使胶黏物变软，这样才能剥离裱补纸，然后再把胶黏物剥离。

图 10　这里显示的是在倾斜角度光源下拍摄的经卷上的裂纹照片。这些裂纹最早应该是经卷在古代修复时（12 世纪以前）就产生了。由于后来大量使用的胶状物和用厚纸做的裱补，使纸张进一步产生收缩。

图 11　经卷上有 1 平方厘米区域被小心地弄湿，使粘贴着的几层裱补纸被逐一加以分离。它给测试黏合剂、纸张类型和纸张质量打开了可行之门。这也是第一次有机会对卷首扉画的纸张做一次检测。

调控的超声波蒸汽通过一根管子徐徐喷出，以此制造出一个湿度为 85% 的小气候，从而使黏结物从裱补纸上脱离（图 12 和图 13）。一盏冷光源的光导纤维灯被安放在工作对象的下方，使破损的部位更加清晰（图 14）。对经卷的修复而言，剥离黏合剂残留物及裱补纸是至关重要的一步。因为这些黏合剂连同纸面上那
96 些牢固附着的裱补纸一起，导致了很多部位的受力不均和卷面变形。从外观上看，它们正在将原纸上那些脆弱的部位撕扯拉开（图 15 和图 16）。时至今日，要想不影响黄色颜料而剥离纸上的胶黏物，仍然是修复工作中最大的挑战。

图 12　揭除裱补纸中最为复杂和最有挑战性的部分，是分离卷首扉画背面的多层裱补纸。这幅图片展现了揭除最外面一层裱补纸时的艰难（20 世纪 70 年代的中国宣纸）。揭除这些裱补纸前先要施加适当的湿度，目的是软化原来所用的黏合剂，而不伤及经卷的纸张。

图 13　所有的裱衬被揭除之后，多种材质各异的裱补纸随即显露出来。这些用于修复破损处的粗糙裱补纸导致了卷面纸张的厚薄不均和卷子的变形。对经卷各裱补纸的揭除，也采用了揭除裱衬的办法，但却更多了一层困难度，即已经脆弱受损的纸张就紧贴着老旧的裱补纸。

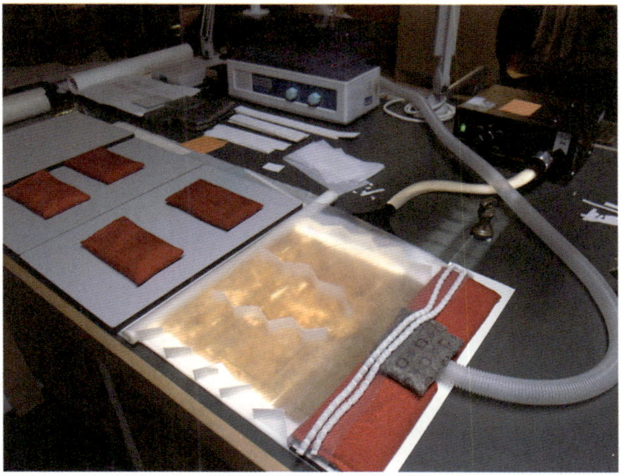

图 14　背光下，各纸从接缝处揭开后，经卷被分成几个部分，放在可控制的环境中。

除了最主要的纸张修复工具，诸如刷子、刀、小剪子和镊子以外，还采用了几种其他的工具。包括精细的牙科工具以及经过

图 15 扉画左侧，胶黏物被剥离前纸张变形的状态（背面）。

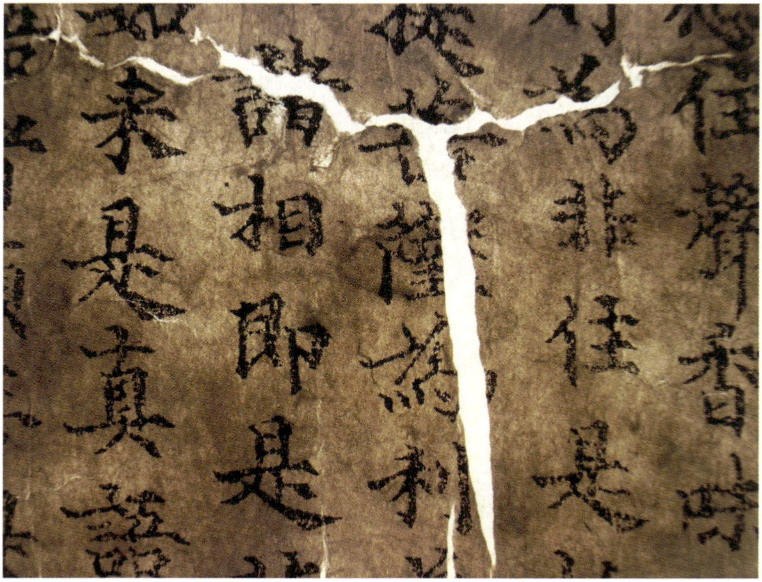

图 16 卷首右侧，胶黏物被剥离前纸张的变形及断裂（正面）。

改造的以抹刀为原型的陶制刀，用来做胶黏物的第一步剥离。随后，当超声波蒸汽把胶黏物稀释到一定程度时，就采用外科用的 97
精密的镊子和棉丝把它们缠裹着取下来（图 17）。

这项费力费时的工作历时 18 个月终于完工。令人欣慰的是，它还原了纸张的柔韧和特质，与此同时，纸张原有的构造，比如纤维的分布以及来自造纸竹帘的细微帘纹现在都可以看到了。然而，这个工作又带来了一些新的问题，那就是由于大量的断裂和纸张的厚薄不均，造成了它的易碎性（图 18）。这个发现还

图 17 修复时用到的工具及材料。左起顺时针依次为染色的日本构树纸（日语称 kozo-shi）、日本剪刀、中国梳理刷帚、日本糨糊刷（日语称 nori-bake）、抹刀以及英式紫貂毛刷。

揭示了，在过去的修复工作中，人们在黏结经卷各纸时试图把
98 它们对齐而面临的挑战，至于那变形最为明显的卷首扉画，情况就更为严重。

将卷面重新排列整齐是一个缓慢而又精细的工序（图 19）。在校正没有对准的文字和图像时问题出现了：那就是这项工作只能在潮湿的环境中进行，只有在那种状态下，纸张才会舒展而使碎裂处能够拼合起来。在这个关键的时间段，纸张稍一干燥，都会导致刚刚衔接上的接缝再度开裂。一旦对准要拼接的缝隙，就要极为小心地用很薄的、染过色的日本构树纸的纸条来加固。这

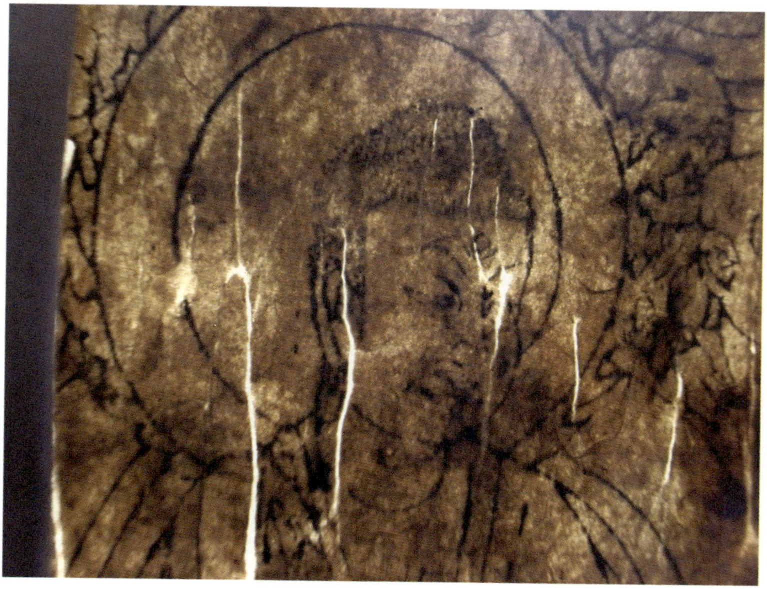

图 18 随着多重裱补纸的逐渐揭除，大范围的裂碎亦随即暴露。在清除卷首扉画上的裱补纸以及最后残存的黏合剂时，需要小心翼翼、如履薄冰。

图 19 扉画中菩萨面部的对接工作草图，重新拼接处用数码线条标出。

种纸条留有毛边，它可以与经卷表面的毛茬微妙地结合起来，衔接得十分自然。这与那种整齐的生硬切边效果完全不同（图 20）。100 用纸条的目的，是要用尽量少的修复纸张贴在经卷背后，却能给经卷以最大的支持力度。被修复的部位随后要做干燥处理，即用重量较轻的物品压在重要的部位防止移动。其间要不断察看，保证纸张的尺寸能恢复到原有的样子，而经文或图像却没有丝毫的变形。

这项历时 1 000 多个小时的艰巨工作，最终在 2010 年完成。这个经卷现在看上去实现了原来的修复设想。特别是扉画现在展现出完整而流畅的图像。原来那些由于脆弱的表面裂缝而造成的让人烦恼的一连串错位线条，现在再也见不到了（图 21）。

图 20　扉画中，一块修复用纸裱补在一小块缺失的部位。这是一种染色纸，颜色与经卷颜色一致，厚薄程度和纤维密度也相同。一种以淀粉为基料的黏合剂被用来将这种裱补纸固定在卷面上。

时隔 1 100 年的漫长岁月，这件目前所发现的、人类最早的木版雕刻印刷品的原件，在揭除了卷面众多的裱补遮蔽之后，便真真切切地展现在我们眼前，这种感觉真是太美妙了！只有到了现在，这部《金刚经》才真正除去了所有的裱补，可以完完全全地看到和摸到。这为将来各方面的研究工作敞开了大门，特别是对于早期印刷的研究方面（图 22）以及印刷所用的造纸方面（图 23），因为这部经卷在这些重要的技术上，已显示出了高度的成熟。

最后，一项重要决定还有待于做出：这部《金刚经》是卷轴式的，其连续的卷面是由一张张单幅的纸张黏接而连缀起来的，具体说，是由 7 幅单张的纸拼接而成，包括卷首的插图。在早期

a　　　　　b　　　　　c

图 21　在扉画左上角区域，被拼接的 3 幅图像的情况。a.1911 年，在英国国家博物馆重新裱补之前。b.1914 年，在英国国家博物馆重做裱补之后。c.2009 年，修复工作完成之后的状况。

图22　一张单幅纸张上方的光谱显微镜探头[①]，这是用来分析颜料和墨迹的新技术。

① 译者按：也称“拉曼显微镜探头”，得名于印度物理学家拉曼（Chandrasekhara Venkata Raman，1888—1970），拉曼因为对光散射的研究而获得 1930 年的诺贝尔物理学奖。见维基百科下相关词条。

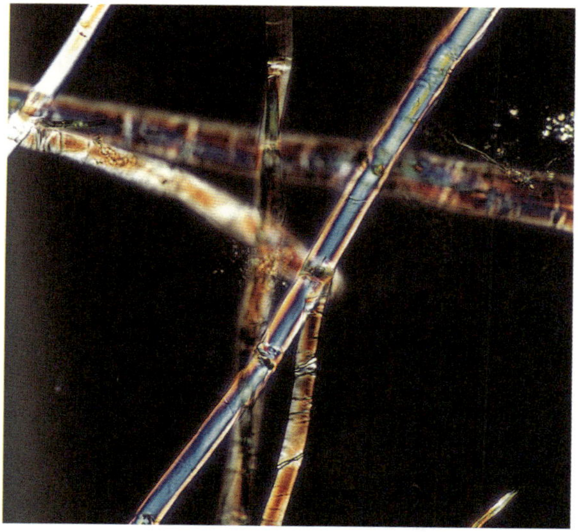

图 23 在偏光灯下拍摄的桑皮纤维，拍摄自该《金刚经》纸张的边缘处。

的修复工作中，整个卷子曾被分拆成几个部分，就像这次的过程一样。问题在于，到底是将经卷再次拼接成卷轴的形式，还是各纸互不连接，单张平整地存放。我们认为，后者显然是一种更为安全地保存、使用以及修复的方式，但是，这却要牺牲它原有的形式了。

索 引

（索引页码为原书页码，即本书边码。）

图片来源

导 言

4—5 页　英国国家图书馆，Or. 8210/P. 2，《金刚经》

9 页　匈牙利科学院图书馆，斯坦因图片 3/6（19）

第一章

12 页　英国国家图书馆，照片号 392/26（323）

14 页　英国国家图书馆，照片号 392/27（376）

17 页　巴黎吉美博物馆，AP8186；照片号 RMN/Ollivier

19 页　英国国家图书馆，照片号 392/26（322）

20 页　英国国家图书馆，照片号 392/27（587）

24 页　英国国家图书馆，2259. f. 4，fig. 188

26 页　英国国家图书馆，Or. 8210/S. 351

27 页　英国国家图书馆，照片号 392/28（803）

30—31 页　英国国家图书馆，照片号 392/28（746）

第二章

35 页　英国国家图书馆，Or. 8210/S. 253

37 页　英国国家图书馆，照片号 392/26（238）

43 页　英国国家图书馆，Or. 8210/S. 5720

第三章 ①

46—59 页　英国国家图书馆

第四章

69—71 页　宋应星《天工开物》，1637 年，英国国家图书馆（重印）15226.b.19

77 页　英国国家图书馆，Or. 8210/P. 18

78 页　英国国家图书馆，Or. 78. a. 11

80—81 页　英国国家图书馆，Or. 8210/S. 5791

84 页　英国国家图书馆，Or. 14251

第五章

89 页　英国国家图书馆，照片号 392/26（160）

91 页　英国国家图书馆，照片号 392/26（334a）

95 页　英国国家图书馆，照片号 392/26（240）

第六章

100 页　《华夏大漠废墟记》，fig. 191，英国国家图书馆 2259. f. 4

105 页　版权所有：利物浦国家博物馆（马其赛特郡海事博物馆斯图尔特·贝尔藏品）；威尔士国家图书馆授权使用。

110 页　英国国家图书馆，OIT. 950，斯坦因《西域考古图记》（1921），卷四，100 页。

① 原书未标明第三章图片来源，本书做补充。

后　记

唐咸通九年（868）王玠为二亲祈福所造刻本《金刚经》，是现知有明确年款的年代最早的刻本佛经。该经卷轴装，首全尾全。长宽为 496.1 厘米 ×26.8 厘米；8 纸；共 303 行，行 17—19 字。上下单边，卷尾有边栏。框高 23.7 厘米。卷面基本完好。有燕尾。第 1 纸为木刻扉画，第 8 纸为利用残状另接之拖尾，中间 6 纸为木刻《金刚经》。尾有原轴。

该刻本包括 4 个部分：《扉画》（拟）、《金刚经前仪》（拟）、《金刚般若波罗蜜经》、《真言》，组成了一个完整的整体。其中经文前后的《金刚经前仪》（拟）与《真言》体现了佛教典籍在流传过程中的读诵仪轨化。从雕刻工艺及绘画技艺上看，全经刀法纯熟。尤其是扉画构图繁简得当，人物表情生动，刀法纯熟细腻，线条圆润流畅，无疑属于版刻艺术成熟期的作品。因此，它在世界印刷史上无疑具有无可替代的独特地位。

这件珍贵文物原藏敦煌莫高窟藏经洞。后为斯坦因所得，远渡重洋，到了英国。先存英国国家博物馆，现存英国国家图书馆。

1991 年，我第一次应邀赴英国国家图书馆为馆藏敦煌遗书编目。临行前，任继愈先生交代："你去了以后，与英国方面商议一下，斯坦因搞去的那批东西，别的先不说，能不能把那件《金刚经》还给我们？"我能够理解任先生提出这个问题时的心情，但觉得这件事情的难度太大。我说："他们会同意吗？恐怕不行吧！"任先生说："你提一下，同意不同意是他们的事情。"

当时英国国家图书馆从英国国家博物馆分立出来时间不久，还没有自己独立的馆舍。在伦敦的前几个月，我工作的办公室在距离英国国家博物馆不远的一栋楼里，每天午饭则凭工作证到英国国家博物馆中的职工餐厅去用餐。记得每次用餐都要穿过博物馆那个穹顶大阅览室，也就是所谓马克思天天去看书乃至把座位下的地毯都磨破了的那个阅览室。我还真的去寻找过马克思的那个座位，得到的回答是，当时的读者都没有自己固定的座位，马克思也不例外。所以，不存在长期坐同一个位置乃至把地毯磨破的事情。这让我很扫兴。

当时，那件王玠《金刚经》还没有拨归英国国家图书馆，依然在英国国家博物馆陈列着，旁边不远处陈列的就是著名的古登堡《圣经》。我曾无数次在陈列王玠《金刚经》的玻璃柜前徘徊，隔着玻璃仔细端详它被展现出的每一寸纸面、每一个字、每一根线条。有一天，我终于鼓起勇气向吴芳思博士提出："那个《金刚经》有没有可能归还中国？"吴芳思想了想，认真地回答："我也认为应该归还中国。但是，他们（指英国国家博物馆）可能不会同意。"就我而言，提出这一问题，纯属完成先生交代的任务，我不敢指望英方竟然会因为我的这一提议就真的把这一稀世珍宝归还中国。但吴芳思回答中表现的善意，还是让我非常感动。

我又提出："我想亲自过手，考察著录一遍，不知是否可以？"坦率地说，这也是一个非常规要求——因为当时英方邀请我的目的是为斯 6980 号以后尚未编目的汉文敦煌遗书残片编目，而王玠《金刚经》当时已经编目，不属于我的工作范围，但吴芳思还是很爽快地答应了。说："这件东西现在还归博物馆管理，在博物馆展览。我与他们联系一下，安排一个合适的时间，从陈列柜中取出，让你考察。”

过了一些日子，吴芳思通知我，已经与博物馆方面联系好，可以去考察了。到了预定的日子，吴芳思带领我来到博物馆的一间办公室，那部王玠《金刚经》已经被从陈列柜取出，放在办公桌上。一点也不夸张地说，当时我真带着一种朝圣的心情恭恭敬敬打开这件心仪已久、曾无数次隔着玻璃瞻仰过的卷轴，一张纸一张纸认真地测量，一行字一行字仔细地考察。在此我不想隐瞒我当时的心情，我的手在工作，我的心在哭。不是因为终于亲手触摸这件稀世珍宝而激动地哭，也不是因为它远离祖国归程无期而难过地哭；而是因为它多次被粗暴地通卷托裱，硬邦邦、死翘翘，完全失去了古籍的灵气而伤心动情。以往，一件敦煌遗书在我手中，我能感受到它与我的互动；那天我感受到的，是它向我呼喊，向我诉苦：在异国他乡，它受到了折磨。

第一次与王玠《金刚经》无间隔亲密接触的印象，我终生难忘。

1997 年到 2005 年，我先后 4 次赴英，有幸得到与王玠《金刚经》第二次、第三次无间隔亲密接触的机会。第二次是哪一年，已经记不清了。吴芳思告诉我，这部王玠《金刚经》已经由英国国家博物馆移交英国国家图书馆，归中国组管理。我提出想再看一次，她答应了。第三次是 2005 年，我与妻子张丽赴英国编目 4 个月。当年终于完成英国国家图书馆斯 6980 号以后 7000 号汉文敦煌遗书的编目。于是我提出按照新的编目体例，将英国国家图书馆斯坦因特藏中原来已经编过目录的敦煌遗书印刷品全部重新编目，吴芳思支持这一设想。按照张丽日记的记录，由于当时已经决定要重新修复王玠《金刚经》，所以这部经卷已经被提到修复部保存。7 月 13 日，葛汉陪同我与张丽到修复部，修复部的负责人马克·伯纳德给我们拿出这部王玠《金刚经》。“马克亲自卷卷子，我们逐纸量了长度，核对了行数、卷首的真言、卷尾的题记等。”

2009 年，我带领一个 5 人团队到英国工作半年，这是我第 7 次，也是迄今为止最后一次赴英，而王玠《金刚经》的修复此时也已经进入尾声。吴芳思告诉我，从 22 年前（1987 年）进入英国国家图书馆修复部工作以后，马克就下决心将来要修复王玠《金刚经》。20 多年来，他无时不为这件事情筹划着各种细节，到 2009 年，这一修复工作已进行了约 5 年。马克很热爱这个工作，也很努力。有时星期六他会来图书馆工作，说是没有电话打扰好干活。而现在，这一工作即将功德圆满。在吴芳思的安排下，10 月 9 日，马克专门抽出时间，向我与张丽详细介绍了他修复王玠《金刚经》的经过，介绍了他对这部《金刚经》残破情况的原始记录，介绍他染为黄色、用来修复裂缝的日本构树纸（我要了半张，作为标本留存），特意让我们察看了他从王玠《金刚经》背面取下来的各时代不同的糨糊、黏合剂，可以想象他从卷背一点一点取下这些糨糊、黏合剂，花费了多大的功夫。我还考察了半盒从背面揭下来的托裱纸。马克介绍并演示了他是怎样利用显微镜拼合扉画上的裂缝。

马克打开了一个大而长的抽屉，让我观察已经修复好、存放在里面的王玠《金刚经》。只见每两张纸黏结在一起，成为一组，平平展展地躺在那里。我伸手想将它们取出细致察看，马克连忙把我拦住，他自己动手，小心翼翼地从抽屉中取出，放到桌面上。我问：“我要用手摸摸，行吗？”马克看了看陪同我们一起来的吴芳思，勉为其难地答应了。我想，马克对这部《金刚经》，就像对自己亲生的婴儿那样上心。我用手轻轻抚摸纸张，充分感受到纸张的温润、细腻与柔软，感受到纤维划过皮肤时的微妙感觉，感受着王玠《金刚经》重获新生的舒畅。

我们把纸张放到灯箱上，拍摄了几张原纸纤维、帘纹的照片和对裂缝修复的效果照片。

张丽的日记也对当天考察有一些记录：

11 点半，吴芳思来，带我们从办公区乘电梯到 6 层。

……

房间仍是以前的老样子，2005 年来时见过的香港的黄先生还在。一会儿葛汉也过来了。

马克的工作台下，用一些与一般的证件差不多大、顺序排列的厚玻璃片，压着正在修复的《金刚经》的扉画。看来是需要修复哪里，就拿起哪块玻璃。旁边还放着一些复印放大的扉画局部图样，上边一些破损严重处用红钢笔勾勒出轮廓。旁边还有一叠 3 张与扉画同样大小、水浸过的白色宣纸。马克说是原来托裱在《金刚经》后边的。

方逐纸拿起对着光细看，并测量厚度（因水浸皱蹙不准），觉得似有中国宣纸，也有日本纸，还有一种是双层的。

在旁边一块透明硬塑片夹着的白纸上，还放着一些土黄色的小纸条或纸屑，还有一片残渣。马克讲：这些都是从《金刚经》背后揭下的，共有 4 层，还有很厚的糨糊。但是究竟在何时、修整过几次，还搞不清。这时黄先生带我到他的工作台，让我看他从过去修复的卷子上揭下的土黄色硬纸，有些类似我们说的牛皮纸，但比一般的牛皮纸还要厚且硬。黄说：因为他们（英国国家图书馆）用这么厚的纸托裱卷子，所以要用很厚的糨糊才能粘住。我说：这次我们看到一些用这种纸托裱的卷子，形成很多硬的折痕，甚至断裂，伤了卷子。

方又仔细观察马克给他拿出的两小块托裱纸，方认为一块是近代的，一块似吐蕃或归义军时期的，说看来古代就简单修过，近代又经过多次修整。马克说，来这里看《金刚经》的人中，只有方对这些修复的纸张这么感兴趣。

马克和吴芳思穿插介绍说：近代第一次修整，是1909年敦煌遗书刚到博物馆；第二次是1919年，当时是为了办展览；加上古代及后来的，先后起码有4次。马克说他很喜欢这个工作。单为现在正修复的扉画，他就做了5天的准备工作。方夸赞他以极细致、耐心的努力，做了一流的修复工作。

我问："王玠《金刚经》原本是卷轴，你现在把它拆成二纸一组，将来是否准备依然黏结为卷轴。"马克回答："不。我觉得让它像现在这样平躺着，它会觉得比较舒服。"我说："但它原来是卷轴。按照'整旧如旧'的原则，还是恢复原来的卷轴装为好。"马克不同意，我们在这一问题上未能达成共识。虽然我至今依然认为还是将王玠《金刚经》恢复为卷轴装为好，但当时马克那"它会觉得比较舒服"这一表述，让我的心忽然感到非常舒适、柔软，我充分感受到马克对王玠《金刚经》的那种体贴与爱护，似乎他已经化身为这部《金刚经》，体验着王玠《金刚经》的情绪。

如张丽日记所记录的，我的确对"他以极细致、耐心的努力，做了一流的修复工作"极为赞叹。1998年，我曾经写过一篇名为《关于敦煌遗书的流散、回归、保护与编目》的文章，文中说："我先后两次赴英考察敦煌遗书及进行编目，亲眼目睹了近百年来英国在保护敦煌遗书方面所做的种种努力以及现在正在付出的努力。我是很感动的。作为一个中国学者，我对有关人员对此付出的精力与心血表示由衷的感谢。”[①] 在此，我要再一次对马克、吴芳思等人为保护敦煌遗书所付出的心血、劳动，表示由衷的感谢与敬意。

后来吴芳思告诉我，等修复工作完成后，她计划围绕王玠《金刚经》的故事及其修复的经过写一本书，介绍给世人。我当即表示，这本书完成以后，我一定设法请人将它翻译为中文，介绍给中国的读者。

2010 年，由吴芳思与马克合作的《寻踪敦煌古书〈金刚经〉——世界纪年最早的印本书籍》由英国国家图书馆出版。2011 年 2 月 18 日，我收到吴芳思从伦敦寄来的签名本，于是邀请一位先生承担该书的翻译。这位先生本身工作虽然很忙，但还是慨然允诺，并于 2012 年 11 月译出初稿。此后，本丛书主编侯冲委托姚珏女士进行校对。姚珏很努力，她实际把校对工作做成了翻译，亦即重新翻译了一遍。这样，我手头就有了两份译稿。两份译稿各有优劣，一时让我难以取舍。稿子就这样拖延下来。最终决定由张丽进行润文，亦即依据两份译稿斟酌损益、取长补短，以确定最终的行文。本书出版时，尊重有关诸位的意见，采用集体笔名。在这个过程中，侯冲审看过译稿，我则做过一些文字的修饰与译注，并承担终审。

稿子算是完成了，但这样的稿子质量如何，我心中实在没有把握，也深为自己没有好好学习英语而懊恼。记得有一次到季羡

① 该文原在《中国社会科学院通讯》改版试刊 12 号、13 号（1998 年 11 月 18 日、27 日）连载。但因故中途腰斩，其后一直在网上流传。后按照网上原稿收入《随缘做去，直道行之》（国家图书馆出版社，2011 年 11 月）。

林先生家，先生正在校对一份译稿，参加翻译的几个人我都认识。我随口问："这几个人的英文都很好，应该翻译得不错吧。"先生随口答："都不够格。"先生的回答让我吃了一惊，所以印象深刻。以前也知道翻译不是件容易的事情，此时更觉得如履薄冰。正好侯冲提出可以由崔翔对全稿再做一次校对，于是委托崔翔又校对了一次。侯冲与我先后又审看了译稿。

这份稿子就这样送到大家面前。我不懂英文，没有资格评判本书英文翻译水平的高低。我想用我们这种方式翻译出来的作品，大概也只能达意而已。这使我深切体会古代僧人，特别是不懂梵文，还要组织翻译佛典的道安的心境。虽则如此，我还是很高兴能够把英国国家图书馆吴芳思、马克等人为这件中国珍宝所付出的努力介绍给国内的读者。

不管怎样，本书是我决定翻译的，翻译人员由我聘请，合稿润文这种方式由我决定，最终的审定也由我负责。感谢相关诸位为本书付出的劳动，但书中一切可能存在的错误自然应该由我负责。

方广锠

2015 年 2 月 26 日初稿于南渡江畔

2016 年 3 月 30 日二稿于天圣山下

2018 年 12 月 19 日三稿于塞纳河南

著作权合同登记号桂图登字:20－2013－237号

图书在版编目(CIP)数据

寻踪敦煌古书《金刚经》: 世界纪年最早的印本书籍 / (英)吴芳思 (Frances Wood), (英) 马克·伯纳德 (Mark Barnard)著; 袁玉译; 崔翔校. —桂林: 广西师范大学出版社, 2019.3
(佛教文献研究译丛. 一)
ISBN 978－7－5598－0160－9

Ⅰ. ①寻… Ⅱ. ①吴… ②马… ③袁… ④崔… Ⅲ. ①佛经 ②《金刚经》－研究 Ⅳ. ①B942.1

中国版本图书馆CIP数据核字(2017)第199192号

出 品 人: 刘广汉　　责任编辑: 刘孝霞
助理编辑: 罗泱慈　　装帧设计: 李婷婷

广西师范大学出版社出版发行
(广西桂林市五里店路9号　邮政编码: 541004
网址: http://www.bbtpress.com)
出版人: 张艺兵
全国新华书店经销
销售热线: 021－65200318　021－31260822－898
山东鸿君杰文化发展有限公司印刷
(山东省淄博市桓台县寿济路13188号　邮政编码: 256401)
开本: 890mm×1 240mm　1/32
印张: 4.75　字数: 110千字
2019年3月第1版　2019年3月第1次印刷
定价: 49.80元